Money錢

Money錢

鬼道致富

作者 鬼手易生

自序

相信自己
才能擁抱財務自由

我之所以自稱「鬼叔」，是因為人生經歷過的苦難，不亞於煉獄烈火灼身之還痛，而投資市場本身即是「詭」道。曾經鬼門關走一遭，取「詭」道之諧音，加上已近知天命之年，故個人謔稱——「鬼叔」。

自由，不是我想做什麼就做什麼！真正的自由是，我不想做什麼就可以不用做什麼！

你渴望自由嗎？渴望不想做什麼就可以不用做什麼

嗎？鬼叔相信每一個人都希望自己的人生是自由的！想擁有自由的人生，最重要的是握有足夠的財富支撐日常生活所需，才能從雇主、銀行（貸款）、政府手上把自己的時間買回來，追求憧憬中的生活。

以現在的社會結構來看，機會大多數已被嬰兒潮世代的人卡位且用罄，想財務自由只剩 2 條路可以選：要嘛投資，要嘛投胎！如果你不是含著金湯匙出生的富二代，要賺到可以讓人生自由的財富，除非你是天時地利人和都集於一身的天選之子，否則只有從金融市場上智取，才是機率最高又最快速的途徑。

至於如何從市場上「提款」，鬼叔將以自己切身的經歷告訴你，能吸收多少就要看緣分和你的造化了。

新手好運用光 走上輕生絕路

鬼叔 2005 年進入市場，當時初生之犢的我對投資理財是一張白紙，對任何國際局勢、貨幣、原物料、貴金屬市場、產業走向、技術分析都是「七竅通了六竅」，只剩下「一竅不通」。

現在回首來時路，只能用鬼迷心竅來形容當年的自己，不然沒有辦法解釋，一個對市場交易完全不懂的人，怎麼敢首戰就踏入風險槓桿 200 倍的外匯黃金保證金交易？

和所有會犯這類錯誤的人一樣，從傑出的模擬交易操作，我認定自己根本就是為保證金交易而生的天才，模擬操作不到 3 天就迫不及待地實際交易，一開始也是勝局多過敗局，高峰時段帳面上甚至不到 1 小時就有未實現盈餘 5,000～10,000 美元。

對當時月薪只有台幣 50K 的住院醫師而言，我真心覺得賺錢沒有想像中那麼難呀！就這樣一步一步地，人開始膨脹、利慾薰心的貪念不斷湧出，二胎房、信貸全貸滿，保證位越下越大，不到幾年的時間，就因為保證金部位沒有控制好被「清倉」，剩下的只有對家人的愧疚，以及對自己的不諒解。

「賭場」失意的人，家庭又怎麼會幸運？那一段時期除了破產之外，我還經歷了可以摧毀個人心志的悲劇——家破人亡、眾叛親離！所幸天無絕人之路，在鬼叔輕生的那一個晚上，彌留之際，有一位瘦弱老者說著類似蔣經國先生的方言口音，給我講了一個故事，之後我竟然得救了，也開竅了！

這不是怪力亂神，我認為這是一種緣分，夢中迷迷糊糊聽完故事，醒來一時反應不過來今夕是何時，更別說去理解這個故事的寓意是什麼？

休養了幾天之後，從來不看報紙的我，大樓管理員突然送來一份《中華日報》，裡面竟然有這位老者逝世的新聞，一看之後才知道原來老者的名字叫南懷瑾！剎那間腦袋靈光一閃，才恍然大悟這一場緣分！

張弛有度 用不同角度面對人生

再回想起夢中南師講的故事，確實發人深省，震撼了我的心靈，讓我重獲新生。

有一次，孔子帶著弟子們周遊列國，途經陳國剛好遇到戰爭，夾在中間進退不得而絕糧於陳。走著走著看到前方有一農舍，學生們向孔子建議，可向農家借一點糧食來吃，於是孔子就讓最勇敢的弟子——子路去借。

子路過去敲門借糧，並告知原委，農家主人一看，說：「你既然是孔夫子的學生，一定很有學問，我寫個字給你認，答對了不用借，糧食送給你們。認不出就不借，有錢也不賣！」

農家主人寫了一個真假的「真」字，子路心想：「這個字你還拿來考我，這不是搞笑嗎？」於是回答：「這是『真』字嘛！」沒想到農家主人把門一關說：「錯，不借！」子路莫名其妙地吃了閉門羹，摸摸鼻子回去告訴老師，孔子說：「子路呀！我們都走到這一步田地，飯都吃不上在餓肚子了，你還認這個『真』幹什麼？」

於是最聰明的子貢自告奮勇地說：「老師，我去借！」子貢是孔子弟子中最富有、最有商業頭腦的人，在談判、與人應對上當然比子路高明的多。子貢再去敲門，農家主人同樣又是拿那個「真」字考子貢。子貢想到剛才子路說是「真」字而碰了一鼻子灰，於是自作聰明地說這個是「假」字，以為這次穩贏了，誰知農家主人更生氣，又是「碰」一聲，把門關了逐客。

子貢灰頭土臉地跑回去跟老師報告，孔子想了想說：「子貢呀！做人有時候還是要認『真』一下的嘛！」這個故事的智慧非常深奧，一個故事就把道家最核心的思想全部交代完，搞懂了這個故事，天下間再無難事！認真與不認真之間要如何拿捏，這個做人的境界，還真不是光有人生經歷就能夠積累的。

人在遇到失意不如意的事，如感情兵變、投資失敗、痛失至親時，不能太認「真」，太認「真」會走不出來，你可能尋短，對這部分，鬼叔的心得是——做人要從大處著眼！但是遇到有些事情，如考前衝刺、面試、主持重要會議……面對這些日常生活鎖事，就算臨時抱佛腳，還是得全力以赴把它完成；走出傷痛後，還是得抬頭挺胸、從頭來過，堅強認「真」地走下去，對這部分，鬼叔的總結是——做事當從小處著手！

重捨信心 閱讀大量書籍

回想當時，人窮到一定的程度，又背負了幾千萬的貸款，除了努力工作賺錢之外，也挪不出多餘的資金去享受生活，又沒有朋友，唯一的消遣只剩閱讀。感恩南懷瑾老師的一系列作品，陪伴我度過人生最低潮的時段，讓我在得意忘形之後還能夠「失意不忘形」，保有作為一個人的本色。

南師的作品大多數都是他的學生們，蒐集上課內容彙整成冊，所以讀起來就像在現場聆聽他老人家講話一樣，幽默豁達的敘事口吻讀了如沐春風、忘卻所有世間上的痛楚和無奈。即便是因為投資失敗、萬念俱灰的我，都能在很多個凌晨到清晨，享受無數次「閒坐窗前讀周易，不知春去幾多時」的幸福時光。

一直到現在，很多論壇網友與鬼叔見面之後，都覺得我寫文章的風格（現在叫「人設」）玩世不拘，跟真實生活中較剛正不阿的我完全不一樣，也許是傳承了一點南師的風格調調吧。整個事情很奇妙，南師是國學大師，他的作品跟投資一點邊都沾不上，但是他的著作卻讓我在投資方面開竅了。

所謂一竅通，百竅通，從那之後，以前覺得艱澀難懂的書也能一看就懂，像生物統計學這種學生時代的天書，都是看一看就大部分都能理解。

我深信是與南師的緣分，開啟了我的智慧、洗淨了我內心深處的不安與恐懼，讓我重拾自信、重新振作，相信自己從哪裡跌倒就可以從哪裡爬起來，相信自己一定可以靠投資而財務自由！

之後，我又不限類別大量閱讀（直到現在依然保持這個好習慣），把外匯黃金保證金的相關書籍，例如《外匯交易進階》、《菲波納奇高級交易法》、《世界期貨大師教你炒期貨》等，再從頭看一遍之外，又整理思考了華倫・巴菲特（Warren Buffett）和安德烈・科斯托蘭尼（André Kostolany）的交易心得。

檢視失敗再戰 抓住獲利訣竅

走出心裡的陰霾後，我終於能很客觀地檢視自己當年的失敗。

臥薪嘗膽苦讀有成之後，我在 2013 年重返台灣股市！直接投入與本身所學相關性最高的生技新藥產業，陸續於基亞（3176）PI-88及浩鼎（4174）OBI-822解盲前、中裕（4147）上櫃早期全身而退，並重金押注投資北極星藥業（6550）；又於藥華藥（6446）AOP官司大跌時入場，獲取豐厚利益。

更於2022年中，在智擎（4162）從2014年歷史高點走了8年的大空頭之後，掌握住小細胞肺癌及胰臟癌一線用藥3期解盲時機，大膽挹注智擎，寫這本書時手中持有的生技類股包含北極星藥業、智擎、藥華、保瑞。

等待解盲的過程中，我研讀英國Jim Slater撰寫的財報分析書籍《The Zulu Principle》、《Beyond The Zulu Principle》、日本「相場流」技術分析書籍《日本股神屢戰屢勝的技術線圖投資法》後，整合自己18年來的金融市場交易心得，自創鬼手流發心交易（互利投資者）學派，並

「鬼手流」金句1

信為道源功德母——信仰，是一切大道的源頭和所有功德的母親！你之所以還沒有財務自由，是因為你壓根就不相信自己會財務自由！

與理財寶（CMoney）合作開發《鬼道》致富 App。

即使曾經於保證金交易大敗，鬼叔仍然非常感謝那幾年的磨練，如果沒有當年的失敗，就不會有今天的成就！這一切都源自於與南師的緣分，讓我的智慧打開，摸到了信仰的鑰匙！

第1章

相。信。

立志、修心 打開財富大門

「失敗為成功之母」應該是英語 Failure is the mother of success. 直接翻譯而來。鬼叔認為很多人經歷一次失敗就一蹶不振，再也爬不起來，所以失敗並不一定是成功之母。失敗後還能檢討反省、不忘初衷、再次振作東山再起，才是成功之母。

這叫做「失意不忘形」，要做到得意不忘形已經很不容易，其內在的涵養、對人的謙和已經高出大多數人一個層次，更何況失意還不忘形！得意不忘形，失意也不忘形者，就可以稱之為英雄本色。本色是指，本來是什麼樣就是什麼樣，不會因為外在任何因素而改變。這和一切眾生皆堪成佛的「佛性」、上帝照著祂形象造人的「神性」是同一個道理。

「鬼手流」金句 2

英雄本色——股價崩跌我是這樣，股價飆漲我還是原來的我！

金句 2 非常重要，如果沒有達到「英雄本色」的境界，看待股價波動和損益起伏，絕對不可能平常心！在經過南師一系列著作啟蒙之後，鬼叔對成功的定義不僅只是財富、名利，而是在利己的同時，也能揉合裝載著分享、利他成分的——功德，功德比成功又要高一個層次。

所以我認為，既然每一個人都有「佛性」、「神性」，人類只要願意，必然能夠找到自我的本色。找到自我的本色，就能對一切事物產生風吹不動、雷打不散的自信，有著這樣信仰般的自信，就是一切具足之人，做任何事情都必能成就功德。所以，信仰（相信）才是成功的母親，正確的中文應該要追溯源自《華嚴經》的「信為道源功德母，長養一切諸善根」。

信為道源功德母，意思是信仰（相信），是一切大道的源頭和所有功德的母親！眾生之所以尚未成佛或者還沒有活出神的樣子，是因為被妄想、執著、貪、嗔、癡、慢、疑等無明障礙住；你之所以還沒有投資致富，是因為你壓根就不相信自己能靠投資就財務自由！這不是一樣的道理嗎？

鬼叔回顧當年自己在保證金交易的失敗，並不是因為保證金商品本身有任何不好的地方，純粹是因為沒有信仰，以致無法控制好自己的本心所致！所以這本書開宗明義就要告訴你，信仰是多麼重要的事。

疑，是人類最糟糕的劣根性之一！你不要看很多和尚每天在唸經拜佛，其實真正相信有佛、能成佛的沒幾個。你看他們每天手上拿著一串 108 顆的念珠，每天大拇哥在那邊數呀數的，他妄想、執著、貪、嗔、癡、慢、疑的念頭，就跟那 108 顆念珠一樣，一念未平一念又生的生生不息！同樣地，很多牧師、神父在檯面上道貌岸然，開口閉口感謝主呀、我在天上的父呀、以聖母之名呀……講個不停，在檯面下他們一樣疑心滿天飛。

鬼叔告訴你，一個佛教徒要是真正到達深信不疑的境界，哪怕是臨危從懸崖上摔下去，也能立馬排除一切雜念，只要唸7字箴言就能立地成佛！哪7字箴言呢？——南無觀世音菩薩。理論上來說，信仰的觀念應該是一致的，只是鬼叔可不敢這麼做，首先我並不認為自己夠資格稱為一個有信仰的宗教徒，其次我的信仰不是宗教方面，而在投資方面。

鬼叔只是借宗教的信仰來解釋，這裡要講的信仰，是對自己靠投資能夠致富而深信不疑的信仰。所以，想靠投資而財務自由，首先你必須要「相信」——相信自己可以靠投資達到財務自由的目的！相信，是形而上的，只是停留在「知」的層面上而已，唯有產生了「信仰」這個第一因，你才有辦法跟宇宙中心連線，你的信念才能傳達到宇宙中心。

要把你的信念傳達到宇宙中心，必須進入「行」的階段，才能達到知行合一！行的階段分為5個步驟：發心（立志）、修心馭心、知己知彼、積累富商指數（Wealthy Quotient，WQ）、成為「人富」，圓滿完成當初的發心（立志）。

1-1

投資欲致富
首要發心、立志

立志投資致富的第一步，必須先想好、規劃好，如此一來，後面所有的操作都將如有神助！不相信嗎？如果連信仰都沒有，怎麼可能投資致富？

每一個人在做每件事情之前，都會有一個初心吧？這就是佛家說的起心動念。如果發心（發願）讓你聽起來覺得很玄、很抽象、很難理解的話，鬼叔講直白一點就是——立志！就像孔子說：「吾十有五而志於學」一樣！你小時候就算沒寫過，也總看過或聽過作文「我的志願」吧？有了「知」的層面上的相信之後，接下來「行」

的第一步就是發心，也就是立志！沒錯，就是這麼簡單！

當然，你一開始起的是私心、惰心、貪欲、惡念，你就很難成功，就算僥倖成功了，被老天爺收割也是遲早的事而已！分享一個「母狗」的故事。

天助自助者 別貪圖安逸

很久以前，有一位不識幾個字的樵夫，每天上山砍柴，經過私塾都會聽到學生們在唸：「臨難毋苟免，見利毋苟得」……聽久了，有一天他終於忍不住好奇心，走近私塾窗戶邊問學生，看了一眼這兩句的文字後，樵夫恍然大悟地說：「唉呀！我認識這個字，母親的『母』嘛！」

很不幸地，之後樵夫在山上被毒蛇咬到，毒發不治，死後來到陰間，閻羅王看他生平沒做過什麼大惡，就讓他選想投胎的地方，樵夫說：「報告閻羅王，我想投胎做一隻母狗！」

閻王第一次聽到有人這樣選，很奇怪地問：「為什麼呀？做母狗，很好嗎？」樵夫說：「很好很好！因為，臨難母狗免，見利母狗得呀！做母狗實在是太好了，好處是牠的，難處都是別人的！」

以上就是一個貪圖安逸、怠惰的立志。如果你發得是這樣的心、立得是這樣的志，你認為有多少人會來追隨、輔助你完成心願？自助者，天助、人助！如果你一開始起的就是善心、利他之心、互利之心，遲早會大成！

開始立下志願 走上致富之路

這個符合吸引力法則，你起什麼心，就會有什麼樣磁場的人、事、物靠近你。所以立志投資致富的第一步，必須先想好、規劃好，你要做多大的事、要利益成就多少人，你就起多大的願、發多大的心、立多大的志，宇宙中心自然會接收到你的訊息，後面你所有的操作、行為，都將如有神助！不相信嗎？那麼你連形而上「知」的層面的信仰都沒有，怎麼可能投資致富？

想想看，藥師佛發12大願渡眾生、地藏王菩薩說地獄不空誓不成佛！發多大的心願、立多大的志向，就能成就多大的事。你立定投資致富的志向是什麼？是提早退休、去環遊世界？你提早退休、環遊世界跟這個社會、國家、宇宙空間，有什麼關係？這兩者之間的關係如果微不足道，小到你自己都不好意思講出來，又怎麼可能會有貴人來助你、成就你，完成你的志願呢？

你看社會上到處充斥著魯蛇（loser，失敗者），怨天怨地就是不怨己、指責甲批評乙就是不檢討自己！所以，快覺醒吧！成功投資致富，不要光說不練，從「行」的第一步——發心（立志），從發善心、利他之心、互利之心開始吧！

1-2

學一堆財經知識
仍控制不住得失心？

在股票市場上，90% 以上投資人的命運是：「進也憂患，出也憂患！」買進一檔股票之後，不論價格漲或跌，一直在患失、患得的過程中痛苦不堪。

股票市場可以劃分成多少面向？鬼叔用最通俗易懂的形容來比喻說明，保證你以後再也不會忘記，還能夠融會貫通！

簡單好記的口訣：胸、腰、臀、腿、臉！很多投資人各種投資面向都懂，但是在投資市場上卻一敗塗地，原因是他們控制不了自己的「得失心」！

技術面 看線型操作 可能反掉入陷阱

技術面像「胸部」，不管是男性的胸肌或女性的豐胸，大家都愛看！越「兇」越引人注目、讓人垂涎三尺！

當所有移動平均線翻揚、移動平均週線（MA 5）和移動平均月線（MA 20）黃金交叉、低檔出量大紅K線、收斂分散移動平均線（MACD）突破0軸且快慢線黃金交叉、隨機振盪指標（KD）底部背離且低檔向上黃金交叉、布林通道（B-band）中軌移動平均週線（MA 20）往上翻揚，且上軌下軌喇叭口帶量發散打開……等訊號出現，沒有任何一位以技術分析為主的資深投資人，可以擋得住上面這些「E罩杯級」的誘惑！

實際上，福禍相倚，可能「兇」險無比！線都是主力大戶在畫的，等著你的可能都是圈套！

消息面 一次錯誤訊息 足以悔恨終生

消息面像「小蠻腰」，隨著音樂扭動搖曳生風，讓人難以忘懷！沒有本益比支撐的類股，像是生技新藥類、炒夢題材類⋯⋯純粹就是靠法說會、新聞發布、外圍小道消息等，增加想像空間！只要消息命中一次，漲幅之大、獲利之豐會讓你上癮而過度依賴消息來源，當你無法自拔地愛上它時，也只需要一次錯誤的訊息，就可以讓你悔恨終生！

很多時候，消息都是核心主力故意放出來的，中招的不僅是散戶，常常也包括了所謂的「外圍」，甚至其他大股東。

消息面其實還有另外一層含義，消者，一個生長的盡頭謂之消，意思是波段高點到了，就要「消」下去；息者，另一個生長的起點謂之息，休「息」夠了，就又開始另一波的起漲！所以，即便是主力要放出消息，也必須尊重趨勢，才能收事半功倍之效！如果鬼叔不說，你這一輩子應該都不會去想「消息」這2個字的另一層意思吧？

不是鬼叔臭屁，可以把道家心法融合進股市交易的人，很多！但是可以講出這麼精簡理論的，鬼叔是第一人！

籌碼面 追蹤主力籌碼 可能抓到假象

籌碼面像「臀部」，最緊實可靠！就像世俗的觀念認為臀部越大越能生養一樣，股票市場上也認為籌碼掌握得越精準，投資越能賺錢！有些人投資一檔股票，不僅每天盤後看看三大法人進出、券資比、八大官股、借券數量、衍生性金融商品避險買賣盤、週末整理集保戶股權分散……更用心的投資人，還會整理每日各分點的買賣紀錄，下載分類蒐集並長期追蹤。

但是主力大戶也不是笨蛋，他們通常都有很多人頭帳戶，也可以把股票匯撥到不同分點後再賣出，尤其是外資還能用外資券商的共同戶操作，讓你無跡可尋。所以有時候，這些虛虛實實的籌碼，就像穿了束褲的曲線一樣，可以是故意做出來給你看的！

趨勢面 越快掌握脈動 勝率越高

國際宏觀趨勢面像修長的「美腿」，看誰跑得快——

誰能最快洞悉國際未來走勢，誰就能先一步卡位布局、放大獲利。

不過，要練就一身飛毛腿的功夫，可不是那麼簡單！不僅僅要每天看新聞關心國際局勢，定時掌握美國聯準會（Fed）每年召開的8次利率決策會議，追蹤每個月第一個星期五，美國東部時間早上8點半（夏令時）、台灣時間晚上8點半公布的美國非農就業數據（NFP），觀察每月第三個星期公布的美國消費者物價指數（CPI）……之外，還要密切關注中美貿易關係、兩岸經貿往來及敵對關係的鬆緊度等消息。

這些風雲詭譎、變化莫測的國際局勢，豈是一般投資人可以準確預測的？能夠早半步果斷地進出場，已屬難能可貴！

基本面 公司體質好 才有投資價值

基本面像「臉」，一個人的長相，就像一間公司的基本面，當有人給你介紹對象（個股）時，不管對方形容的如何豐胸（技術面）、瘦腰（消息面）、翹臀（籌碼面），最後你都還是會問一句：「長的怎麼樣（基本面好不好）？」

不同類型的投資人，著重的面向不同。左側逆勢交易（價值投資者）偏好基本面，右側順勢交易（趨勢投資者）強調技術面，但是不管你擅長哪一面，就算你把以上5個面向都摸熟了，如果控制不住自己的「得失心」，一切也都是枉然！所以，最終決定勝負的，是鬼叔要強調、也最擅長的第六個面向——心理面！

你相信這世上有5個面向全通，卻屢戰屢敗的人嗎？真的有！有一部分投顧老師就是這類型的人，所以他們後來自己都不敢投資（算有自知之明），只賺會員費，幫別人操盤、給別人建議，事不關己，不是自己的錢，操作起來都很厲害！如果是自己的錢，就關心則亂！

「鬼手流」金句 3

在市場上為什麼總是散戶賠錢？
因為追高殺低百試不爽的老把戲，他們永遠買單！

得失心太重 股價漲跌都憂慮

想想看，入手一檔股票之後，你是不是也一直在患失、患得的過程中痛苦不堪？

患失 股票被套在高檔或低成本的老股東，每天看著盤跌、小反彈後繼續跌，只能在那邊掙扎，當斷不斷、倍受煎熬。套高者擔心：「再不停損，會賠更多！」；低成本者心想：「再不停利，會少賺很多！」前者怕失去，後者怕得而復失，承受的虐心指數是一樣的！

患得 好不容易等到反轉，通常也不會是V型反轉，一樣是漲2天、跌1天的緩漲。低接或套牢的投資人，每天看著股價慢慢漲上去，心裡是什麼滋味？低接者擔心：「再不賣，如果又跌回來就白忙一場？」；套高者心想：「趁現在停損可以少賠一點，不然跌回來就完了！」一個怕少賺，一個怕再賠，承受的虐心指數也是一樣的！

在股票市場上，90%以上投資人的命運就是：「進也憂患，出也憂患！」看到這裡，你不會想問要如何避免患失、患得嗎？當然有方法！鬼叔悄悄跟你說，這世上只有一種人不會患失又患得，你只要跟他學習，就能在股市上輕鬆賺到大錢，這種人叫做機器人。沒錯！機器人沒有心，但是它會動，只有無限趨近機器人，才能做到「廢心」而「用形」。還記得「真」、「假」的故事嗎？

廢心 漲跌都影響不了心情（「子路呀！我們都走到這一步田地，飯都吃不上餓肚子了，你還認這個『真』幹什麼？這種時候就不應該認『真』了。」）

用形 該分析的技術面、消息面、籌碼面、國際趨勢面、基本面等，還是得分析（「子貢呀！做人有時候還是要認『真』一下的嘛！」）

進出股市時，要先練習做到第一階段——波瀾不驚！慢慢地你會發現，只做到漲跌不影響心情是不夠的，進出時還要做到第二階段——不能有得失心，所以才會有這麼一句話：「莫謂無心便是道，無心猶隔一重關。」

到最後大成的階段，也就是最高境界（看山還是山的境界），就能體會什麼是：「只說出家堪悟道，誰知成佛更多情。」接下來章節1-3～1-5，鬼叔會教你如何用3個階段練習控制「得失心」。

1-3

縱橫市場馭心首部曲：修止

早知人生一場空 就不會在意得失

相信可以辦得到、立志致富之後，不想在股市中因行情波動而做出錯誤決策，就得學會駕馭自己的「心」，透過訓練，就可以進入止於一心的境界。

德國股神科斯托蘭尼（André Kostolany）在他的著作中說過，投資到最後蓋棺論定還能有賺的，都算是投資成功者。市場上80%以上的人，最後如果還能賺到一點買白菜的錢，就已經很不錯！用八二法則來看，最終只要沒有賠還有賺錢的人，應該至少可以排名到前20%，他們確實都是身經百戰，勝負各半的人！

所以科老才說，股市老鳥的操作方法你可以不學，但是他們說的話你一定要聽，因為那是他們用一輩子累積出來的經驗。

雖然這些贏家已經名列前茅，但是以鬼叔的標準來看，在這裡稱呼他們「身經百戰」不是讚美，而是貶抑！因為身經百戰後的結果，是後面那一句：勝負各半，就代表他們的一生白忙一場，賺到了經驗賠掉了一生（陪伴家人的時間、心情……）。

清楚目標所在 才能堅定志向

你有沒撐過這樣的經驗？明知道某一支股票的前景非常好，對它至少有投資報酬率300%以上的信心，但就是會被周遭的人、事、物影響你的判斷，最後可能在獲利不到30%，甚至還沒獲利就賣出，空留遺憾，然後再埋怨自己笨，高價買回。為什麼大多數的投資人，這麼容易被外在的人、事、物影響？

鬼叔到現在為止，還沒有看到市面上有任何投資方面的書籍，有講解這個根本原因，並提出解決方法！鬼叔是在市場上失敗破產過，爬起來之後再次投資致富的人，失敗過後還能失意不忘形、重返巔峰的經驗，絕對值得你認真讀3遍！相信這本書看到這裡的你，對開宗明義的：信為道源功德母、發善心、利他之心、互利之心、立大志、控制自己的得失心……都有基本概念了，那麼，要如何控制自己的「得失心」？

首先第一步——修止！修止的方法有很多種，儒家典籍《大學》中說：「知止而後有定，定而後能靜，靜而後能安，安而後能慮，慮而後能得」。這段大家耳熟能詳的「止、定、靜、安、慮、得」，第一句有提到「止」，知「止」而後有定的意思是指做事時，如果知道終點的風景，就能堅定過程的艱辛。也就是要有一個明確的止境，才能把握節奏、保持冷靜，進而成功達到。

這和鬼叔說的：相信自己可以投資致富成為「人富」的終止（目的）之後，要發心（立志），不是有異曲同工之妙嗎？你有沒有發現，《大學》開宗明義就跟你說了知「止」，但是內文有跟你說明要怎麼學習「止」的方法嗎？

沒有！《大學》只說了要「知」，只停留在形而上的、很抽象空洞、很高尚摸不著的「知」的層次。

鬼叔在博覽群書之後，是在佛教的《瑜伽師地論》裡看到修習「止」的方法，所謂的修止就是修「奢摩他」，就是修「空如來藏」。止＝奢摩他＝空如來藏，看不懂？很正常！多唸幾遍先記下來就好，以後有緣就會再讀到更深奧的經典。

《瑜伽師地論》裡提到修習「止」的方法是九住心，通過以下9個階段的訓練，就可以進入止於一心的境界。

簡單3件事 修練心境

九住心的9個階段分別為：令心①內住、②等住、③安住、④近住、⑤調順、⑥寂靜、⑦最極寂靜、⑧專注一趣、⑨等持。

這個看起來是不是比儒家《大學》提到的還要複雜？可以翻譯翻譯嗎？難道古往今來就都沒有人，用人話簡單明瞭地解釋教學嗎？當然有，這就是你花錢買這本書、花時間看這本書最大的收穫！聽好了，鬼叔闡釋修止的方法：

3個動作「修止」

① 找一個安靜的地方，舒適地坐好，身上除了衣物不要配戴任何配件；

② 隨意找一個「點」看著它，你要點一柱香看著它也行；

③ 眼睛疲勞了就眨一眨眼，腦袋放空，什麼都不要想。

這就是修止，不要懷疑，就是這麼簡單！只要這樣傻傻地每天看10分鐘，先練習10天，第11天到第20天增加到20分鐘，第21天到第30天再增加到30分鐘，總共1個月不要間斷！

如果你只看到這裡就去練習，1個月之後你會非常生氣地認為鬼叔在騙你，因為你發現腦袋沒有辦法放空！修止的過程中會有很多的妄念，一念未平一念又起，不間斷地來騷擾你，讓你根本「止」不下來，更「定」不下來！

該怎麼辦？這就是接下來要教你的縱橫市場馭心二部曲：

修「觀」。

1-4

縱橫市場馭心二部曲：修觀

以妄制妄 主動出擊

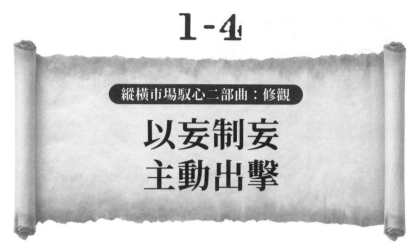

多數投資人都是一窩蜂先飛進股市，再慢慢繳「學費」學習、研究各個面向，這也是為什麼投資人老是賠錢、賺不到錢、只賺到買白菜錢的原因。

還有耐心看得下去嗎？鬼叔也可以直接就講大家最喜歡聽的5個面向，尤其是像「胸部」的技術分析面，反正越「兇」大家越愛看，但這是本末倒置的！如果你不相信，認為買賣股票就是買賣股票，跟「心」有什麼關係？你當然也可以直接跳到第2章開始看，只是可惜了你入寶境空手而還！

先相信、其次發心，再其次三部曲修心，而後知己知彼、積累富商指數，成為「人富」後圓滿當初的發心，這一整套完整的投資理論是鬼叔獨創的「鬼手流發心交易（互利投資者）」法則。在你學會之前，全世界只有鬼叔一個人會，這是一個空前、偉大的創舉！

先了解自己 再精進投資技巧

大多數的投資人是顛倒人生，都是一窩蜂先飛進股市，再慢慢繳「學費」學習、研究各個面向，這也是為什麼投資人老是賠錢、賺不到錢、只賺到買白菜錢的原因。

看到沒有，大多數投資人不僅僅完全沒有先相信、發心、修心，而是直接跳到最後一個步驟的「知己知彼」！更可悲的是，知己知彼的層次裡面，投資人又完全忽略更重要的「知己」，心思只完全鑽研在「知彼」的功課上。

很少有投資人會先向內求（知己，更遑論還必須先相信、發心、修心），再向外求（知彼，學技術面、消息面、籌碼面、基本面、國際趨勢面等5大面向），如果之前搞錯了順序怎麼辦？還來得及改嗎？當然來得及，因為你根本不可能先學會「知彼」！你學到的只是皮毛而已，就如同一個不了解自己文化的人，是很難深入理解別人的文化一樣。

怕只怕你真的認為鬼叔是在講屁話，那鬼叔就沒辦法了！鬼叔再厲害，也有三不能：不信者不能、無緣者不能、定業不能轉！更何況鬼叔最多只講鬼話，又怎麼會講屁話呢？

延續前一節的話題，修止，當你把所有的注意力、心念都集中止於一點的時候，如果都不會起妄念，那恭喜你，你已經覺悟，你已是現在「佛」，不用再往下修了，你認為可能嗎？

當你把所有的注意力、心念都集中止於一點的時候，如果起了妄念，怎麼辦？例如：台股明天會不會跟美股連動？要跑了嗎？明天還要繳帳單！鬼叔講的一定是騙人的屁話！修止真的有用嗎？明天不會是反彈誘多吧！……人的妄念，跟和尚數手上的念珠一樣，一個接一個，一念未平一念又起，這才是正常人！

4 步驟練習 排除心中妄念

修止的時候起了妄念，反正都會起妄念，你就乾脆自己主動想像一個「妄念」，你想讓腦袋「空」下來，結果它「空」不下來，那你乾脆自己主動讓它不「空」！這就正式進入馭心二部曲：修觀、修三摩缽提、修不空如來藏。觀＝三摩缽提＝不空如來藏，不懂？很正常，多唸幾遍就懂了！

「觀」什麼？觀想，簡單地說，觀想就是想像，想像一個正向、莊嚴的畫面（佛陀、耶穌、阿拉、聖母、教宗、上人法師、林良……都可以，只要你覺得不會分心笑出來就好！），以下是細部分解動作：

4個練習「修觀」

① 眼睛看著一個點，所有意念都「止」於一點。

② 再把這一點，連線到你的後腦勺。

▼

③用後腦勺想像一個正向、莊嚴的畫面在你的頭頂上。

④看你能持續多久？

過程中，妄念又再跑出來，怎麼辦？這又是下一節會再告訴你的縱橫市場馭心三部曲：修「心」！

等你學會了馭心三部曲，就可以進入「知己」階段，與內心對話、分析了解自己的投資屬性，之後再回過頭來用之前所學「知彼」的部分（技術面、消息面、籌碼面、基本面、國際趨勢面等5大面向）來操作，積累自己的富商指數，離財務自由就不遠了。

最後不要忘記初衷：成為「人富」後，你投資之前發的善心、利他之心、互利之心，要圓滿付諸實行！

Note

1-5

縱橫市場馭心三部曲：修心

順應本心操作 跳脫賺賠執著

股市漲跌起伏自有規律和因果，如果你沒有辦法順應自己的本心，衝進衝出做價差，最後就像科斯托蘭尼所說：「投資到最後蓋棺論定還能小賺，都算是投資成功者。」

進入縱橫市場馭心三部曲第三個步驟：修心、修行、修禪那、修空不空如來藏，心＝行＝禪那＝空不空如來藏（還是不懂？沒有關係，總有一天會懂的！）

還記得上一個章節練習修觀的步驟嗎？在練習的過程中，抽離出來另外一個「你」，看著那個正在做①、②、③的「你」，你想讓腦袋空下來，結果空不下來，那麼乾脆自己主動讓它不空，主動去「觀」想，結果還是有妄念，這個就不要再去研究、分辨真假對錯是非善惡，看著它就好！

抽離出來的這個「你」，就是你的「心性」，心性就是「超我」，超我是《金剛經》說的如如不動、沒有情緒波動！

就這樣練習，第1天到第10天，每天10分鐘；第11天到第20天，每天20分鐘；第21天到第30天，每天30分鐘。修止、修觀、修心，鬼叔分3個章節來寫，是因為寫書要把步驟寫得很清楚，練習時要3個階段一起進行，差不多1個月就可以抓到門道，3個月就頗有心得，接下來你就會自己去追求更高深的東西，持續精進一生。

「鬼手流」金句 4

股市，是最佳的修心馭心處，也是富人的提款部，窮人則是把貸款往裡付。

想改變命運走向財富自由之路，唯有「鬼道」可以光明磊落地致富！

徒勞忙進忙出 小賺就是贏家

唐末五代守安禪師的一首詩（有一說是明代蒼雪禪師）：「南臺靜坐一爐香，終日凝然萬慮亡，不是息心除妄想，只緣無事可思量。」白話文是這樣的：在南臺點了一爐香靜坐，整天看著它讓自己的心靜下來、讓自己的妄想都熄滅，到了一定的境界之後就知道，其實你硬要讓腦袋「空」下來，是達不到效果的，一直到你已經不再執著於「空」或「不空」，心自然就靜下來了，妄想自然就會熄滅。

南懷瑾老師：「秋風落葉亂成堆，掃盡還來千百回，一笑罷休閒處坐，任他著地自成灰。」這首詩也有異曲同工之妙，意思是秋天庭園裡的落葉，你再怎麼掃它千百回，落葉還是很快又亂成堆，只有當你放下不再執著於「掃」或「不掃」，任落葉落地生滅成灰，才能達到心無罣礙的境界。

這2首詩非常貼切地詮釋了修「止、觀、心」3個步驟的最高境界，但是要怎麼轉變運用到股市裡呢？

鬼叔：「股市潮起又潮退，徒勞進出千百回，一朝能順應本心，何必在意賺或賠。」股市漲跌起伏自有規律和因果，如果你沒有辦法順應自己的本心（佛性、超我），衝進衝出做價差，到最後真的就像德國股神安德烈·科斯托蘭尼（André Kostolany）所說：「投資到最後蓋棺論定還能小賺，都算是投資成功者。」

照鬼叔的說法，你是操著賣白粉的心，最後卻只能賺到一點買白菜的錢。一直到有一天你懂得如何順應自己的本心（相信、發心、修心、知己知彼），才能左右開弓（左側、右側交易並用）、價差適中（適度做價差陶冶身心），大象小樸、文質彬彬地把鬼手流發心交易（互利投資者）法則，淋漓盡致、隨心所欲地揮灑出來。

到這種手上有股票，心中無股價、無名利欲求的境界時，又何必再去分操作時是左側、是右側或者是價差？什麼時候會賺？什麼時候會賠？下一節就要分享馭心大成者，如何靈活運用大象小樸、文質彬彬的交易法則操作。

1-6

駁心大成者

風流大象、淫蕩小樸
長短線獲利法則

只投資「風流大象」股，等待的過程撕心煎熬；純投機「淫蕩小樸」股，可能沒賺到錢還賠掉了健康人生。投資唯有彬彬，樂呵樂呵地賺著錢的同時，還能修養心性。

當我們真的做到了相信、發心、修心，自然就能達到手上有股票，心中無股價的境界，彼時戰略已經部署完畢。即使後面戰術的部分（知己知彼）一開始懂得不多，隨著時間演進和在市場上經驗的累積，自然而然能夠開闢出一套適合自己的操作手法。

什麼是風流大象、淫蕩小樸？老子《道德經》：「執大象，天下往」、「常道無名，樸，雖小，天下莫能臣也。侯王若能守之，萬物將自賓。」中華文化博大精深，不管是用在安邦定國、國家治理、齊家修身或是經商投資都適用。

鬼叔擷取《道德經》的精華，拼湊組裝為適合投資領域運用，原文這兩句是在不同章節，並不是在一起的。

風流大象股 忽略短期波動 等待價值浮現

「執大象，天下往」應用在投資上是指：有些股票應該從大處著眼，不用在意短期的波段起伏，假以時日，這類型的股票必將贏遍天下，無往不利！

譬如說：半導體代工龍頭台積電（2330）、生技大分子新藥及CDMO（委託開發暨製造服務）類股北極星藥業（6550）、生技大分子新藥類股藥華藥（6446）、生技學名藥及老藥新用的CDMO類股保瑞（6472），這幾支個股就是「大象」，可以長期投資，是鬼叔所謂的「風流」類股！

何謂「風流」？我們先來聽一個關於「風流」的故事。

野史傳聞有一次，曾國藩帶了一大群官員到吟詩作樂、附庸風雅的地方（講直白一點就是古代的妓院）散心，剛好來了一位傾國傾城的才女，名字叫少如。少如因久仰曾大人之名，就想故意考考他，請他即興以自己的名字「少如」出一個上聯，由她來對下聯，彼此都要符合自己的工作性質、情境、今晚的願望等。

如果所作的對子能讓少如滿意，今晚就可以……（自己想像）。有學問的人，就是不一樣，曾國藩：「得少住時且少住」，意思是可以休息一下時，就要休息一下。少如回：「要如何處便如何」，意思是你想怎麼樣都可以，人家都依你。姓名、工作性質、情境、今晚的願望完全達標，真是一對超水準的對子！

中華文化經年累月有不少積非成是的用字，「風流」這兩個字，一開始並不是上面這個故事所意指——出入聲色場所、縱情慾樂、貪杯好色等等的代名詞，那叫下流，不叫「風流」！

「風流」這兩個字，事實上是人類社會最頂尖的聖賢之士，才有資格稱的階級，證據如下：

①《論語·顏淵篇》：「君子之德，風，小人之德，草。草上之風，必偃。」故有成語：風行草偃（譯：有修養的仁者其德行像風，欠修養的凡夫其德行像草，風吹過草，草就會跟著風吹的方向倒。）

②宋朝蘇軾《念奴嬌》：「大江東去，浪淘盡，千古風流人物……」（感想：高中時期唸這首東坡詞，久久不能自己，太壯闊豪情了，跟吃東坡肉的感覺有得拼！）

③明朝洪應明《菜根譚》：「唯大英雄能本色，是真名士自風流」（感想：一針見血，太厲害了！鬼叔就講不出這種流芳千古的名言，真是書到用時方恨少呀！）

所以「風流」這兩個字，代表引領風潮的有德之士，在投資領域就是帶動類股趨勢的個股，甚至是可以左右國家興亡的護國神山！像這類「風流大象」股，要從投資的大處著眼，不用在意短期的股價起伏，假以時日，這類股票必將贏遍天下，無往不利！這其中還有一個重點，是「假以時日」。

假以時日就是說Timing（時機），你不能急於一時，你要「假予」它一點時間，才能贏遍天下，無往不利！這類「風流大象」股，要嘛股本大、要不就股價高，波段起伏的過程中，籌碼必定會亂！哪一支殺下來的權值股、大型股、高股價股籌碼不亂？上面沒有一堆均線壓力？只要是「風流大象」，當研發的價值實現時，站在國際潮流趨勢的風口上，「大象」都可以被吹上天！

「鬼手流」金句 5

打掉好牌去換另一張好牌，是非常愚蠢的一件事。

淫蕩小樸股 有題材、營收成長 就有利可圖

「道常無名，樸，雖小，天下莫能臣也。侯王若能守之，萬物將自賓。」應用到投資上是指，有些小型股（淫蕩小樸，是樸非僕，不要想成男僕、女僕喔！）適合投機，且還多多益善，從小處著手，雖然是小事一件，但是能做好的人不多，你若是能眼明手快地做好了，所有人都會說自己是賓客，承認你才是主人，你是最厲害的！

譬如說：IP設計類金麗科（3228）、晶心科（6533）、印刷電路板（PCB）港建（3093）、IC封測台星科（3265），這幾支個股就是「小樸」，可以短期做波段或價差，是鬼叔所謂的「淫蕩」類股！

「淫蕩」類股！何謂「淫蕩」？我們先來聽一個關於「淫蕩」的笑話。

百貨公司的電梯門打開來了，空著粉紅色制服，戴著小方帽、白手套的電梯小姐，用鮮紅欲滴的性感嘴唇冷艷回眸問：「夠淫蕩嗎？」（Going down，下樓嗎？）只要還是個男人，聽到這樣的問話應該都只能悄悄吞一口口水，努力憋著低沉的聲音回答：「夠！夠！夠！」

其實，懂中文的人很多都誤解了這個「淫」字！「淫」說的不過是，喜歡做一件事，喜歡到做得過度了而已！你不信？舉幾個例子來看看。

①成語「淫雨霏霏」：連綿不斷的雨，下得太過頭了，下到讓人心慌亂，原文出處是范仲淹的《岳陽樓記》：「若夫淫雨霏霏，連月不開……」。

②最深奧的管理哲學，如《列子．楊朱篇》：「管

仲之相齊也，君淫亦淫，君奢亦奢，志合言從，道行國霸……」（跟老闆，要投其所好，志趣相同才能言聽計從，上下一心，事情才能做得通、企業才能稱霸！）

③最有名的詞句，如宋朝辛棄疾《鷓鴣天（不寐）》：「一生不負溪山債，百藥難治史書淫。」（譯：一生只喜愛2件事：遊山玩水，讀書研史。不負溪山債是指不欠山水的債，意謂遍遊名山勝水；書史淫則是指沉迷在閱讀中。）

所以在股市裡呢？頻繁地進出操作、盯盤也是一種「淫」！如果又剛好有一點年紀，一不小心就變「淫賊」了，因為老而不死謂之賊嘛。放縱不拘謂之「蕩」，所以過度頻頻地放縱自己進出下單，也是一種「淫蕩」！不過，做短線也沒有什麼不好，每個人適合的操作方式都不一樣。

股本小的小型個股，只要有夢想、有題材、虧轉盈、營收大成長……加持，很容易股價就被炒到幾百元了！就投資的報酬率來看，完全不碰「淫蕩小樸」也未必是明智的作法。

當然，每天盯盤、頻繁進出對我們的健康勢必會造成傷害，更何況在消息面上，散戶居於弱勢，沒有可靠消息的時間點，所以鬼叔才會說：「主力玩價差是讓你霧裡看花，散戶玩價差最後只剩下血壓！」

「鬼手流」金句 6

年輕雖然就是本錢，但是，時間也是一種成本！

長線搭配短線 悠遊股海賺錢

只投資「風流大象」股，必須「假予」時日，等待的過程撕心煎熬；純投機「淫蕩小樸」股，可能沒賺到錢還賠掉了健康，這是一般投資大眾普遍都會有的困擾，但是對一位相信、發心、修心而馭心的大成者，他可以用兩者兼顧的「文質彬彬」交易法則，同時、不同個股，輕鬆遊走於兩者之間！什麼是「文質彬彬」的交易法則？

文質彬彬原文出自《論語．雍也》：「質勝文則野，文勝質則史。文質彬彬，然後君子。」

文質彬彬投資法則

①質，是本質、先天未經修飾，看基本面做投資，長抱「風流大象」股的投資模式。

②文，是後天加工修飾過的，看技術、趨勢、籌碼、消息做波段價差，短線操作「淫蕩小樸」股的投機方式。

③質勝文則野，如果你只做長期投資不做波段價差投機，則野蠻、不解風情、人生太枯燥！

④文勝質則史，如果你整天短進短出，只做波段價差投機不做長期投資，則矯情、油腔滑調、不夠安定、不可靠、容易走入歷史！

所以呢？文與質，長線投資與短線操作都要「彬彬」，彬彬就是平衡（Balance）的意思。人生要做到彬彬，才會成為有修養的君子（中庸）；投資也唯有彬彬，樂呵樂呵地賺著錢的同時，還能修養心性！

這就是一位馭心大成者，即使還沒有經過第2章知己、第3章知彼、第4章鬼手流大數據（Big Data）選股實戰操作積累富商指數的洗禮，也可以登堂入室地馳騁股海中的原因，因為戰略永遠凌駕於戰術之上！

那是不是說戰術就不重要呢？當然不是！如果能兼備戰術和戰略，則可以事半功倍！接下來，開始進入應該是你們最期待的戰術篇——知己：投資前，先認識自己的投資屬性。

第2章

知。己。

認識自己 找出最佳策略

要靠投資而財務自由，首先必須要相信，相信自己可以靠投資達到財務自由的目的。其次就要發心（立志），發善心、利他之心、互利之心、立下堅定不移的志向，再來就是知己知彼！知己和知彼，孰輕孰重？孰難孰易？

《孫子．謀攻篇》中說：「知己知彼，百戰不殆；不知彼而知己，一勝一負；不知彼，不知己，每戰必殆。」意思是了解自己（內）也了解對方（外），百戰不會失敗；不了解對方（外）但是了解自己（內），有勝有敗；不了解自己（內）也不了解對方（外），每一戰都會失敗。

從《孫子．謀攻篇》的智慧來看，知己比知彼更重要、知己也比知彼更難。很特別的是，《孫子．謀攻篇》並沒有提到「知彼不知己」，可能在戰事上不可能有不知己還能知彼的情況。但是在投資上，知彼不知己是可能存在的，而且知彼不知己者，也是每戰必殆！

鬼叔個人的經驗也是認為一個人要做到「知己」非常難，要了解別人（外在事物）簡單多了，只要願意去了解都能做得到。但是要了解自己，真的是「燈下黑」！很多人用盡一生也沒有辦法認識自己，一輩子走在錯誤的方向上而不自知，來說一個「方向」的故事。

有一天青蛙和螃蟹準備比賽，兔子是裁判，目的地是前面的花園。選手就位後兔子鳴槍高喊道：「跑！」青蛙和螃蟹一起衝出去，跑著跑著青蛙轉頭一看沒見著螃蟹，裁判兔子也發現螃蟹一直往旁邊跑，距離正前方的花園越來越遠，於是兔子對螃蟹大喊：「螃蟹老哥，你跑錯方向了！」同為競爭者的青蛙也對螃蟹大喊：「螃蟹老哥，趕快往我這個方向跑！」

螃蟹回青蛙：「你才跑錯了呢！我幹嘛往你那跑？你往我這邊跑還差不多！」不管兔子和青蛙怎樣呼喚，螃蟹依然故我，跑自己的方向，青蛙沒辦法，只好繼續往前跑。螃蟹邊跑還邊自言自語：「我的眼睛一直盯著正前方的花園，絕對錯不了，還不聽我的，我有 8 隻腳耶！」

螃蟹有 8 隻腳是沒有錯，跑得也飛快，只是，若方向不對，跑得越快，離目的地也就越遠！

不管在生活上或是在股市上，要成為人生勝利組，都不是靠力氣、力量，而是要靠智慧。唯有智者才能辨別人生的大方向，才能做到「知己」，了解自己的人，投資方向才不會錯的太離譜。人非聖賢，過程中難免會走偏，但是知己者能適時、適度調整方向。

很多投資人買股票，因為不知彼也不知己，都會買在高檔，一旦走勢沒有如預期，乍看解套遙遙無期，就會開始罵達人騙人，一直怪東怪西怪別人，給自己增添負面情緒和輸家思考指數。

亦或是因為不「知己」，自己的籌碼沒有控制好；又不

「知彼」，不夠了解所投資標的之價值，再厲害的投資達人都有買高的時候，買高了並不可恥，可恥的是不懂得自我檢討。該停損時硬撐、跟股票談戀愛；遇反轉時不敢加碼，甚至小賠、小賺就出脫，然後再也不敢進場。

這就跟那隻螃蟹一樣，雖然每天盯著盤看，只看到「彼」方的表相，加上不「知己」，投資方向錯誤、習性難改也非一日之因呀！

市場上真正的贏家只有2種人，一者「知己」、另一者「知己又知彼」，剩下的，不是韭菜就是「螃蟹」！

2-1

4類型交易者 做對都是贏家

做事從小處著手，專心一志堅忍不拔、全力以赴不輕言放棄，恭喜你，成功就在前面了！投資也是一樣的道理，心無旁鶩先學好一種，有餘力再慢慢了解另一種，做加強補不足之用。

鬼叔把市場上的投資人大概分為以下幾類：①左側逆勢交易（價值投資者）、②右側順勢交易（趨勢投資者）、③夾縫盤勢交易（價差投機者）、④鬼手流發心交易（互利投資者）。

相信大家都常常聽到人說：「做人格局要大、做人格局要大……」，你真的問他什麼是格局？大多數人又講不出一個所以然來，鬼叔來告訴你什麼是格局！

短視近利 只能追求蠅頭小利

格局，主要包括兩大內容。格局小的人，時間格局通常較短，他們的時間是以天數為單位，只看到當下的目標。譬如說：今天投資A股票，希望能有幾個百分比的報酬、這個禮拜能達到多少績效……只要其中一個目標沒有實現，就會開始焦慮、沮喪，活在失敗和低谷裡！

而格局大的人呢？通常都願意做時間的朋友，短期的挫折他們並不在乎，永遠盯著前方的目標往前行，更善於從失敗中找答案，他們的時間是以年為單位，例如3年、5年，把時間放大到用一生來看，其實3年、5年並不算非常久！

對應到投資習慣上，格局小的人大多是夾縫盤勢交易（價差投機者）、當沖投機者；格局大的人是左側逆勢交易（價值投資者）；而介於兩者之中的則是右側順勢交易（趨勢投資者）。

總的來說，人有2種價值——利己價值和利他價值。格局小的人都是在追求利己價值；而真正格局大的人，在追求利己價值的同時，還願意兼顧利他價值。

其實人生走到後來你會發現，只有當你願意把利他價值一併放在利己價值裡面，你的利己價值才能提升到更高的維度！願意把吃虧當作是處世良方者，在市場上就唯有鬼手流發心交易（互利投資者）。

你認為自己屬於哪一種投資人？只要做好任何一種，都可以成為八二法則中20%的人！但是不管要做好哪一種，都不是一件簡單的事情。天下沒有白吃的午餐，《孟子．告子下》：「天將降大任於斯人也，必先苦其心志，勞其筋骨，餓其體膚，空乏其身，行拂亂其所為……」，要成大事，都要經過大經歷、大付出！

從小處著手 做好一件事再跨步往前

來說一個螃蟹與蚯蚓的故事。螃蟹看到蛇，就問牠：「蛇姊，我能像妳一樣，整天圈在那裡，什麼事也不幹，圈累了就出去晃晃嗎？」蛇：「蟹老弟，當然可以呀！為什麼不呢？來！我這個洞給你了。」

第二天，在洞穴裡睡到腰痠背痛的螃蟹，不可一世地走出洞裡到田間散步，看到蚯蚓在土地上一直鑽呀鑽的，覺得蚯蚓很可悲。螃蟹嘲笑著說：「小蚯，你看你身上軟不拉幾，鑽個洞要這麼久，你乾脆像我一樣，跟蛇姊借現成的洞不就好了，生活過的多悠哉，時間幹嘛浪費在這種鳥事上呀？」

憨直的蚯蚓：「蟹哥，我不是解決住的問題而已，還有吃喝的問題！我沒有像你一樣堅強的螯，所以只能用盡全身的力量，要不停地拚命往下鑽，這樣我才喝得到下面的水，吃得到上面的土呀！」螃蟹：「唉！懶得跟你說，真沒智慧！」

傍晚，一場大雨把蛇洞沖平了，螃蟹又冷又餓地抖縮了一夜，蚯蚓則在土壤深處啜飲著甘甜的雨水，早上農夫到田裡看災損，心痛地看著1年來的心血全毀，看到螃蟹，就把牠抓起來帶回去清蒸果腹了！

《荀子．勸學》寫到：「螾無爪牙之利，筋骨之強，上食埃土，下飲黃泉，用心一也。蟹六跪而二螯，非蛇蟺之穴無可寄託者，用心躁也。」意思是，蚯蚓沒有銳利的爪，也沒有強壯的筋骨，卻能往上吃到地面的土壤，往下喝到地底的泉水，因為牠做事很專心。螃蟹有6隻腳和2個堅韌的螯，但是若沒有蛇和黃鱔魚的洞穴，連棲身的地方都沒有，這是牠老是心思浮躁的原故。

所以，想要像蛇一樣圈著什麼也不做，你必須是含著金湯匙出生的富二代，或者要厲害到所有人都敬畏你才行。小事看不起、大事摸不著；心浮氣躁不專心學習、好吃懶做撿現成、享受小確幸，災難來時就是螃蟹的命！

做事從小處著手，專心一志堅忍不拔、全力以赴不輕言放棄，不畏人言不怕人笑，小蚯呀恭喜你，成功就在前面了！投資也是一樣的道理，先搞清楚自己適合什麼樣的操作模式，之後就是像「蚯蚓」一樣，心無旁騖地先學好一種，有餘力再慢慢了解另一種，做加強補不足之用。

接下來，鬼叔會單項拆解，讓你一次搞懂不同交易模式的優缺點，希望能幫助你選擇適合自己初步學習的方法。

Note

2-2

「知己」系列① 左側逆勢交易

價值投資知難行易 放長線釣大魚

左側逆勢交易（價值投資者）難學、難懂、本金要夠多、風險高，但卻是知難行易，執行起來很簡單，買進、賣出的時間點都不需要抓得很精準，初學者甚至可以傻傻地分批買、分批賣就好。

知道市場上為什麼總是充斥著，右側順勢交易（趨勢投資者）的高論，卻很少看到左側逆勢交易（價值投資者）的遠見嗎？因為：

①右易左難 右側像刀，左側像劍；1年學刀，3年學劍；右側看圖（技術面）簡單易學，左側看表（產業基本面、財報）枯燥難懂。

②右廉左貴 右側需要的本金少，左側投入的資金需求比較高。

③右低左高 右側嚴格紀律停損風險較低，左側的風險高。

④右淺左深 右側可以頻繁交易，表面上看起來比較有成就感；左側則反之。

⑤右智左愚 右側人看起來比較聰明，左側人看起來比較笨。

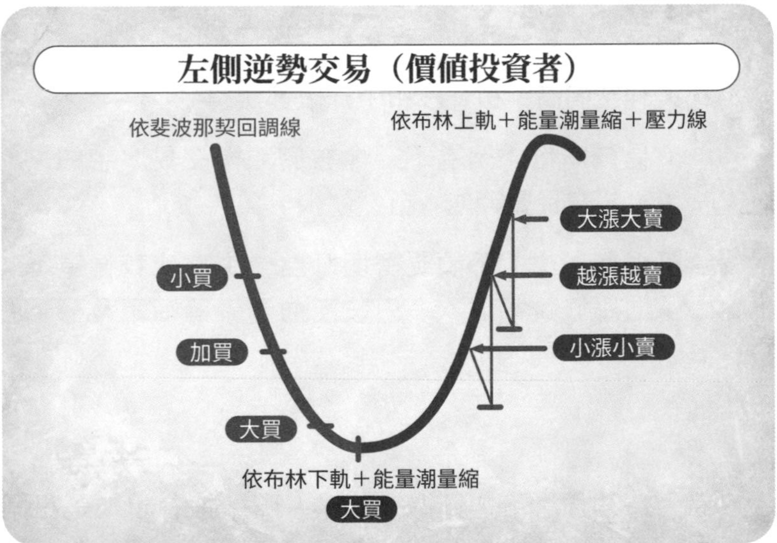

說明：斐波那契回調線（Fibonacci retracement）又稱黃金分割線，是一種技術分析方法，用於判斷支持和阻力位置。
資料來源：鬼手易生

價值投資方法簡單 初學者輕鬆上手

八二法則，根據以上5點，大多數人就會選擇易學、本金需求少、風險低、乍看比較有成就感的右側順勢交易（趨勢投資者）！其實左側逆勢交易（價值投資者）雖然有以上5項「缺」點，卻有2高、2低的優勢。

左側逆勢交易2高、2低優點

①**勝率高**：買在低點，投資報酬率自然較高。

②**獲利空間高**：初升段和中升段都賺得到。

③**交易成本低**：因為不須像右側頻繁交易，手續費、證交稅費等成本自然就少。

④**盯盤時段少**：不須要密切盯盤，人會比較健康（血壓心跳平穩、多巴胺及血清素等荷爾蒙分泌正常）。

看到這裡你會不會覺得很奇怪，照這樣看起來是左側逆勢交易（價值投資者）比較好呀！為什麼選左側的人還這麼少？答案：因為上面5項缺點的原因！左側難學、難懂、本金要夠多、風險高，但是左側知難行易，執行起來卻很簡單！怎麼說？理由有3個。

首先，左側交易者買進的時間點不需要抓得很精準，初學者甚至可以傻傻地分批買進。當然有經驗的左側人，會依斐波那契回調線分批買進、依布林下軌及能量潮量縮做最後封關大買進。

其次，左側交易者賣出時間點也不需要抓得很精準，初學者甚至也可以傻傻地分批賣出。當然有經驗的左側人，會依布林上軌、壓力均線及能量潮量縮分批賣出。

第三，左側人因為用放大鏡理論投資，對所投資的個股瞭若指掌，所以可以和股票大大方方的談戀愛（比較符合人性）！

「鬼手流」金句7

投資就像放大鏡聚焦太陽光，要全神貫注集中一點，一段時間後，就會看到神奇效果；但如果你一直把放大鏡晃來晃去，到最後就是什麼也沒發生，只有手搖得很累而已！

持股檔數不用多 空頭行情大膽買

如果有人告訴你說他是左側逆勢交易（價值投資者），但是在空頭行情時，他跟你說他停損了；下跌時會說接刀要設好停損點，不要硬撐；或者他會說要量化投資、分散風險之類的話，那他絕對不是左側逆勢交易（價值投資者），他就是韭菜、初學者，他連左側逆勢交易（價值投資者）的邊都還沒摸到！

因為左側逆勢交易（價值投資者），停利不停損，空頭行情是左側人的天賜良機！

除非有團隊，否則個別左側人，投資標的很少超過3檔，因為投資越多支股票，代表潛意識裡，充斥著分散風險（避險）的想法！只有E象限和S象限的人（《富爸爸窮爸爸》書中，E象限是一般上班族、S象限是自營商），才整天想著避險、保本、安全！成功的左側逆勢交易（價值投資者）都是集中投資、深入研究、放大獲利！

左側逆勢交易（價值投資者）敢在跌勢空頭中，逆勢操作的信心來自哪裡？答案是：專業、韌力、資金。

左側逆勢交易（價值投資者）交易模式

① 在空頭行情時，用金字塔方法買進：下跌⇨買進；再跌⇨再買進；還跌⇨大買！成功的叫逢低買進承接，初學者做的卻常常是一連串的猜「底」。

② 在多頭行情時，用倒金字塔方法賣出：上漲⇨賣出；再漲⇨再賣出；還漲⇨大賣！成功的叫逢高獲利了結，初學者做的卻常常是一連串的猜「頭」。

③ 左側逆勢交易（價值投資者）的缺點是，在大多頭行情中，常常會錯失末升段行情。

④ 左側逆勢交易（價值投資者）常說⇨看壓不看撐（上漲遇壓力獲利了結）；右側順勢交易（趨勢投資者）常說⇨看撐不看壓（跌破支撐出脫持股）。你如果是在壓力和支撐之間頻繁進出，則是屬於夾縫盤勢交易（價差投機者）。

專業 選股不憑感覺 靠真功夫

唯有專業，才能慧眼識英雄、伯樂識千里馬！台股近2千檔股票，如何從中找到還是受精卵的「台積電」？有時候選股的專業能力，確實會出現只可意會無法言傳的情況！以下用相馬的故事來舉例。

伯樂是舉世公認的相馬大師，某一天，秦穆公對伯樂說：「伯樂呀！你年紀也大了，你的子孫中有會相千里馬的人嗎？」

伯樂說：「一匹好馬，可從牠的體形、外貌和骨架上看出來。但是千里馬，沒有固定的標準，只能意會，無法用言語來表達。像這樣的馬，飛奔起來腳步輕盈、蹄子灰塵不揚、速度快到一閃你連影都看不到。我的子孫都是些下等貨色，他們能夠說出什麼是好馬，但是沒有能力識別千里馬，我有位打柴賣菜的朋友叫九方皋，他相馬的能力不在我之下。」

於是，穆公召見了九方皋，派他出去尋找千里馬。3個月以後，九方皋回來報告說：「已經找到了，在沙丘那個地方。」穆公連忙問：「是什麼樣的馬？」九方皋回答說：「喔，是一匹黃色的母馬。」

穆公派人去把馬牽來，卻是一匹黑色的公馬。穆公很不爽，把伯樂叫來說：「真是糟糕透了！你推薦的這個九方皋，連馬的顏色和公母都搞不清楚，還說什麼能識別天下的千里馬？」

伯樂一聽，感慨地讚歎說：「九方皋相馬竟達到了這種境界呀！這正是他之所以比我高明千萬倍的原因。九方皋所看到的，那是天機啊！他注重觀察的是精神，而忽略了牠的表象；注意牠內在的品質，而忽視了牠的顏色和雌雄；九方皋只觀察到他所需要觀察的，而忽視了不必要觀察的。像他這樣相出來的馬，才是最珍貴的千里馬啊！」

「鬼手流」金句 8

風險，從來都不是分散得越多就會越少；
風險，只有在了解得越多、越深，才會越低！
機會，從來都不是分散得越多就會越大；
機會，只有在了解得越多、越深，才會越高！

馬牽來後，一試，果然是天下罕見的千里馬！除了上述這種道可道，非常道的例子之外，當然還是有專業選股的SOP。

左側逆勢交易（價值投資者）選股SOP

①先看全球整體大勢之所趨（產業趨勢），池塘小，你再厲害也釣不到大魚。

②再看你選中的個股，有多大的獨占技術含量、公司主事者的企圖心、人才是否足夠、金主是否力挺、當地政府是否支持等。

如果你所在的市場中，找不到將來足以動搖國本的企業，怎麼辦？至少一定要學會看財報以及分析關鍵數據，不只要學會看得很深入，還要有能力在15分鐘之內過濾掉地雷股！鬼叔先跟你分享速成過濾法（在第3章會完整地扼要介紹）。

隔行如隔山，是不是有看沒有懂？比右側順勢交易

用財報快速過濾好公司

① 本益成長比（PEG）小於0.75（The Zulu Principle，祖魯法則，左側投資人必看書籍）。

② 每股營業現金流÷每股盈餘：最好連續5年都大於100%，不可小於80%，有強健的現金流，才能將獲利變現！券商的看盤軟體通常就有這些資料。

③ 相對大盤的強弱指標（RSI），前1個月、3個月、1年都要比大盤強，計算方式是：（個股期末收盤價÷大盤期末收盤指數）÷（個股期初收盤價÷大盤期初收盤指數）。

④ 資產報酬率（ROA）、股東權益報酬率（ROE）、投入資本報酬率（ROIC）同類排名前四分之一，券商的看盤軟體也會有各項資料，問你的營業員就知道。

⑤ 市值營收比最好小於1，計算方式是：股價×發行張數÷營收。

（趨勢投資者）只要會看圖難多了吧？現在知道為什麼1萬個女人都生不出1個成功的左側逆勢交易（價值投資者）了吧？鬼叔一開始也看不懂，相信、發心（立志）之後，一看就懂！

韌力 培養耐心 克制貪婪

人的個性、性格是可以培養的，要培養自己的耐心、克制貪心、照見出離心。

美國網紅年輕富豪駱鋒（Dan Lok）說：「成功的企業家都有急性子的特質，我認為耐心是一種人格的缺陷！」聽到一位傑出的年輕成功人士，講出的話是這個邏輯，你會不會很訝異？他是加拿大籍華裔到美國發展，表面上你看他的英文非常流利，但是因為他沒有把自己的固有文化學好，所以即使英文再流利，還是偶爾會講出一些邏輯思辨上很奇怪的話，這個部分可能連他自己也不自覺——燈下黑。

鬼叔沒有機會跟他對談，不然我很想告訴他：「耐心從來都不是人格的缺陷，優柔寡斷才是！耐心是成功者必備的特質！」

克制貪心 是你的誰也拿不走，不是你的拿到了也只是暫時停留一下而已，塞翁得馬焉知非禍？還要有處變不驚、臨危不亂的能力！當你持有的股票狂跌時，如何臨危不亂？這個說難很難，其實也不難，你只要訓練多耐心、少貪心，慢慢就能照見出離心。

照見出離心 意思是學著做一個旁觀者！正確的名稱梵文叫「禪那」；中文叫「空不空如來藏」，在章節1-5有實際練習的教學分享，用儒家的觀念講就是「止、定、靜、安、慮、得」的過程……鬼叔再講下去，你就更不願意成為一位左側逆勢交易（價值投資者）了！

資金 小錢也能練習 養成投資好習慣

是不是必須擁有一定的財富，才能做左側逆勢交易（價值投資者）？誰規定的？鬼叔在進入台灣股市之前，每日3餐費用只有70元，一樣從左側逆勢交易（價值投資者）開始！很多人說：本金小時，要先做右側順勢交易（趨勢投資者），等到有一定的本金之後，再做左側逆勢交易（價值投資者），你認為呢？

已經慣用右手的人，還有可能再學習用左手嗎？因為市場上很少看到左側逆勢交易（價值投資者）的著作，所以特別收錄這個小節說明左側逆勢交易的部分。說到這裡，你應該已經知道左側逆勢交易（價值投資者）的核心重點。

夜深人靜獨處時，好好與自己對話：「我，適合做左側逆勢交易（價值投資者）嗎？」

Note

2-3

「知己」系列② 右側順勢交易

簡單易學 趨勢投資最怕不果斷

市場上真正的右側順勢交易（趨勢投資者）高手，屈指可數，還會常常錯失末升段行情，右側人最重要的只有 1 招，也是最難的——果斷的決心！

左側逆勢交易（價值投資者）的缺點，就是右側順勢交易（趨勢投資者）的優點，反之亦然。

所以，右側順勢交易（趨勢投資者）的優勢是：右側人看圖（技術面）簡單易學快速上手、需要的本金不用太多、嚴格紀律停損風險較低、頻繁交易感覺比較有成就感！

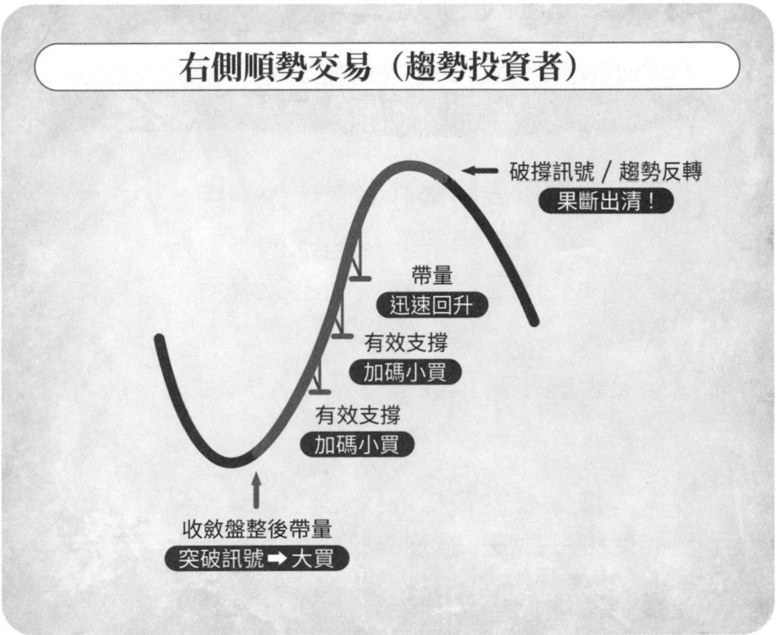

資料來源：鬼手易生

高手屈指可數 賺少賠多

講完了右側順勢交易（趨勢投資者）的優點之後，可以進一步來了解右側順勢交易（趨勢投資者）有哪些缺點，鬼叔整理出6個項目（嚴重度照順序排）：①相對左側需要頻繁盯盤、②知易行難、③沒人性、④獲利空間低、⑤勝率低、⑥交易成本高。

右側順勢交易6大缺點

① **相對左側需要頻繁盯盤**：比較傷神、血壓起伏大、不一定賺得到錢卻容易賠掉健康！當然，比夾縫盤勢交易（價差投機者）是好太多了。

② **知易行難**：進出點要很精準，技術專業敏感需求非常高。

③ **沒人性**：必需嚴格遵守紀律停損，對所投資的個股沒感情，違反人性。

④ **獲利空間低**：初升段賺不到，末升段也常常賺不到，就賺中間那一段。

⑤ **勝率低**：操作10次，失敗率可能會超過7次，總結一生操作能像安德烈．科斯托蘭尼（André Kostolany）口中的蓋棺論定時小賺，就已經是個中高手，能大賺小賠，則是高手中的高手！

⑥ **交易成本高**：因為比左側人更頻繁地交易，手續費、稅費等成本也就相對比較高。

鬼叔常說：「1千個女人都生不出一個成功的右側順勢交易（趨勢投資者）！」市場上真正的右側順勢交易（趨勢投資者）高手，屈指可數，大多數人都是夾縫盤勢交易（價差投機者），跟「投資」2個字的邊都不一定沾得上。

鬼叔說右側順勢交易（趨勢投資者）沒人性，可不是在罵人，鬼手流發心交易（互利投資者）不止沒人性，還必須要人格分裂呢！

如果有人告訴你說他是右側順勢交易（趨勢投資者），但是在空頭行情時，竟然往下攤平、接刀；而在多頭行情的漲勢中，沒有爆量、趨勢沒變，他就說已經獲利了結出場、入袋為安，那他絕對不是真正的右側順勢交易（趨勢投資者），他還沒看到右側順勢交易（趨勢投資者）的門！

因為右側順勢交易（趨勢投資者）停損不停利，遇到2021年海運3雄這種走大波浪，就會賺到翻過去！意思是，右側順勢交易（趨勢投資者）看撐不看壓，等跌破支撐才出清持股。

依訊號進出場 果斷停利、停損

在上有近壓、下有近撐的盤整段，基本上都是做夾縫盤勢交易（價差投機者）的天下，真正的左側逆勢交易（價值投資者）和右側順勢交易（趨勢投資者），很少在盤整段頻繁進出，最多就是左側人少部分停利、右側人小量加碼。

右側順勢交易交易模式

① **多頭上升訊號出現時，用金字塔方法買進**：低點帶量突破上漲⇨大買；回測有效支撐再漲⇨再買一部分；回測有效支撐還漲⇨小買。

② **在空頭下降趨勢反轉訊號出現時，果斷出清**：右側人完全不會拖泥帶水、不猶豫片刻！所以才說成功的右側順勢交易（趨勢投資者）都沒人性，因為人類的大腦就是傾向期盼——我是僥倖者！

成功的右側順勢交易（趨勢投資者），都是在上漲過程中，跌回支撐有效的重要技術位置，出手加碼買進，此時只要量能有跟上，通常都會迅速回漲，初學者很難配合斐波那契回調線（Fibonacci retracement）、量（OBV能量潮）、價、MA均線、K線、MACD、B-band、KD背離……找到回調支撐有效的切入點。

一檔股票跌幅減緩及盤整收斂（收斂就是收斂，不用管什麼旗形或三角形）後，要密切關注量及價的突破，必須輔以均線（紅K棒過半實體穿越MA 5向上，日本投資高手相場師朗的書籍必讀）、MACD是否在0軸上且快慢線向上交叉、B-band是否已突破中軌MA 20。

如果已經帶量突破漲了幾天你才看到，不要急著追高，至少等回調（看量、看缺口、看KD背離……）到MA 3、MA 5、MA 10，沒有每天在過年的，不用急著買進，這世上沒有買不到的股票，機會多的是。

鬼叔用3歲小娃就會背的一首詩，來介紹右側順勢交易（趨勢投資者）。《登鸛鵲樓》：「白日依山盡，黃河入海流，欲窮千里目，更上一層樓。」這首唐詩，很多3歲小孩都會背，但是如果鬼叔不解釋，大多數人這輩子都不會真正懂得王之渙到底在寫什麼？

白日依山盡，黃河入海流 太陽順山西沉，黃河奔向大海，這頭兩句是講道家道法自然的思想，這就是大自然的趨勢，你能改變它嗎？你是無法改變它的，你只能順著它的趨勢，賺一點右側順勢交易（趨勢投資者）的趨勢財。

欲窮千里目，更上一層樓 要一覽千里景，必須再往上登高樓，這後兩句是儒家事在人為的思想，如果你想要賺更多錢、財務自由，必須在股價回調且有效支撐點勇敢加碼，才能更上一層樓、賺到更多的財富。同樣地，也要記得在趨勢反轉時，果斷停損，畢竟高處不勝寒呀！

技術可以學 心態最難克服

為什麼會說右側順勢交易（趨勢投資者）的勝率不高，還會常常錯失末升段行情？

因為主力越來越狡猾，現在的突破訊號、反轉趨勢，10次可能有不止7次都是假的！右側順勢交易（趨勢投資者）的技術分析書市面上多如牛毛，第3章會簡明扼要地說明，在這裡就不占用篇幅了。右側人最重要的只有1招，也是最難的——果斷的決心！

你認為左側投資人的耐心，和右側投資人果斷的決心有沒有衝突？一個人是否能同時具備這2項特質？章節2-5鬼手流發心交易（互利投資者）會清楚介紹。

有很多同學常常會問鬼叔：「叔，請問要買哪一支？」我都是回：「跟著趨勢走！」在大漲的就還會再漲；在大跌的就還會再跌！

同學也愛問：「什麼時候會漲？」我每一次也都是回答：「隨時會漲！」時就是Timing、時機，隨著Timing到來就會漲。

這2句簡單的對話，其實就完整囊括了左側逆勢交易（價值投資者）和右側順勢交易（趨勢投資者）的精髓！這也不是鬼叔首創的，鬼叔只是多唸了幾本書，早一點參悟了而已。這2句大智慧的名言，是孟子說的：「雖有智慧，不如乘勢；雖有鎡基，不如待時。」

意思是，你再聰明，也不及跟著趨勢走（右側心法）；基本面再好也得等待時機（左側心法）。所以，左側、右側交易，其實是孟子發明的（哈哈）！

哪一種交易模式比較適合你？右側順勢交易（趨勢投資者）？左側逆勢交易（價值投資者）？取決於你的個性、資金、時間……

Note

2-4

「知己」系列③ 夾縫盤勢交易

當沖、賺價差 僅少數是贏家

夾縫盤勢交易（價差投機者）要懂得變通、順應時勢、以不變應萬變，想要玩價差而大成有一個先決條件，就是不能有得失心，價差投機者通常在身經百戰之後勝負各半，到頭來能不賠錢已屬高明。

對鬼叔來說，整本書這一個章節最難寫，因為經驗太少，即使是當年從事外匯保證金交易，我也很少做價差。

為了寫這一篇，我強迫自己短線操作1個月，就像演員演戲一樣，要演出角色的味道，就必須要完全入戲；要寫得出夾縫盤勢交易（價差投機者）那種心境，就必須真的身臨其境。

在市場上，做價差、當沖通常都會為其他投資人所不恥，認為他們一點技術性、一點耐心都沒有，常被冠上「短腿」的封號！

其實，行行出狀元，能夠把價差、當沖玩到出神入化的人，肯定也是有其過人之處！再說，如果沒有價差、當沖製造出的成交量活絡、刺激交易行情，市場豈不如一灘死水，又哪裡還有吸引人的地方？

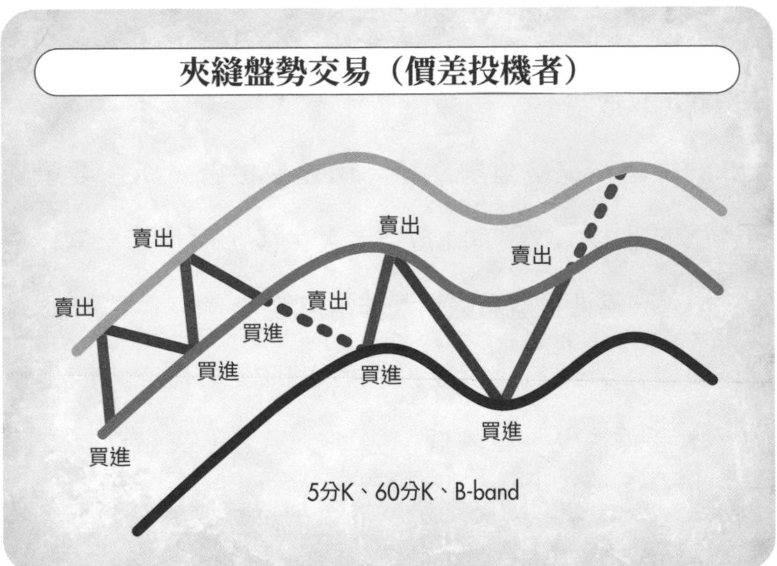

資料來源：鬼手易生

操作得宜利潤可觀 勝率卻不高

股市放空者必須以無限的虧損（上漲無限），換取有限的利潤（下跌有限，最多就是0），還要承受道德上的口誅筆伐（因為成功是建立在別人的痛苦之上），沒有「雖千萬人吾往矣」的氣魄和勇氣，抗壓力差一點的人絕對無法勝任！

這本書沒有介紹如何放空，最重要的原因是鬼手流發心交易（互利投資者）嚴禁放空，所以鬼叔沒有放空的經驗。另外一個原因是，只需要把第3章的技術分析，反過來操作就可以放空。

同樣地，夾縫盤勢交易（價差投機者）所需要承受道德上的壓力，並沒有比放空者差太多，而且如果操作得宜，價差、當沖投機者的利潤非常可觀。

夾縫盤勢交易（價差投機者）的優點有：入門上手快、本金需求少、風險低、頻繁交易等。夾縫盤勢交易（價差投機者）的缺點則是放大、加快右側順勢交易（趨勢投資者）的缺點，以下依嚴重度順序說明。

夾縫盤勢交易6大缺點

①**頻繁盯盤**：傷神、賠健康。

②**知易行難**：進出點要更快、更精準，技術專業敏感需求更高。

③**沒人性**：嚴格遵守紀律停利停損，對所投資的個股沒有任何感情。

④**獲利空間低**：賺不到任何的大波段，當日事當日畢。

⑤**勝率低**：操作10次，能有五五波賺賠已經是個中高手。

⑥**交易成本高**：頻繁交易，手續費、稅費等成本是所有投資人中最高者。

市場上超過90%以上的投資人，都是夾縫盤勢交易（價差投機者），在國際局勢不明朗、未來充滿變數、市場人心浮動的氛圍時，就是價差、當沖投機者的天下！

這段時期你會發現，不管是外資還是投信，都變得很短視近利，幾乎很少看到大牛市那種穩定的長投籌碼。這種非常時期，確實要懂得靈活變通自己的操作方式，右側順勢交易（趨勢投資者）或左側逆勢交易（價值投資者）偶爾做幾次當沖交易並不可恥，還能達到調劑身心之效！來看看一個變通的故事。

孔子的弟子——子貢（端木賜），是衛國的商人，非常有錢，可以說是當時的首富，經常錦衣華飾，孔子看不慣他的新潮，跟他說要「君子不器」。子貢以為孔子在稱讚他，沾沾自喜，還問孔子自己是什麼器？孔子很不爽地隨口說：「你呀，是瑚璉之器！」子貢更加飄飄然了，殊不知，孔子是在罵他。

君子不器是指有智慧的人，不要像容器、器具一樣，形狀固定一成不變、作用也只受限於某一方面，要懂得變通、順應時勢、以不變應萬變，要做到思想不器、行為不器、氣量不器。

「鬼手流」金句 9

既然市場與人心都是瞬息萬變，策略就必須要滾動式調整！

應變能力要快 散戶不容易贏主力

同樣的，來說說夾縫盤勢交易（價差投機者）的交易模式。

價差、當沖投機者幾乎都是以5分K或60分K的移動平均線（MA），以及布林通道（B-band）搭配隨機振盪指標（KD）、量價進出。當然，看錯的機率很高，應變能力要夠強且能瞬間決斷，才能及時停利、停損！德國股神安德烈．科斯托蘭尼（André Kostolany）曾經說過，醫師這個職業應該是最適合投資的，因為他們的養成教育就是SOAP——問題⇨蒐集資料判斷⇨確定原因⇨對症下藥。

如果以職業來類比的話，急診室醫師的臨場應變能力，應該最適合從事夾縫盤勢交易（價差投機者），因為他們的應變抗壓能力最好！

即便如此，夾縫盤勢交易（價差投機者）通常也都是在身經百戰之後，勝負各半，到頭來能不賠錢已屬高明！另外，主力在上沖下洗時，也是非常厲害的價差投機者，只不過他們通常是使用程式交易。

所以看到程式交易（機器）你就應該知道，「價差」不是不能玩，想要玩「價差」而大成有一個先決條件，就是不能有「得失心」！一樣要做到第1章提的修止、修觀、修心，動若械、居若死的境界（要能做到像機器人、死人一樣，沒有情感的波動）。

再者，主力每天玩價差也能賺錢，是因為他們都有穿內褲（內線），而你卻是光著屁股的！主力玩價差的目的，是為了讓你看不清事情的真相（他們並不在意賺賠這幾塊價差的錢）、清除未來路上的殘渣障礙；而你卻是蠅頭小利錙銖必較、上下幾塊波動可能就決定了你明天的生活！

所以，散戶玩價差：今天賺了明天賠了、生技賺了電子賠了……到最後讓你真的賺了，才發現健康沒了！

「鬼手流」金句 10

主力玩價差是讓你霧裡看花，肅清未來路上的殘渣。
散戶玩價差是關心則亂，最後只剩下血壓。

有把握再下單 克服得失心

要叫習慣短線操作的散戶做到沒有「得失心」，那不是天方夜譚嗎？當然，鬼叔的意思是，可以做到沒有得失心的境界時，即使短線操作也可以有大成就。

同學：「鬼叔，你說的都很棒！但是我真的資質駑鈍，學不會修止、修觀、修心。您可不可以講人話，教我一個比較簡單的方法？讓我在當沖時的心情起伏可以比較穩定一點？」

鬼叔：「當然可以呀！你只要有『把握』再下單就好了！」

同學：「……講完了？」

鬼叔：「對，講完了！」

同學再次鼓起勇氣：「叔，可以再說一次嗎？」

鬼叔：「你下單前必須要有『把』握，有『把』握之後，心就會慢慢『定』下來了！」

以上的對話，看得懂嗎？修止、修觀、修心對你來說如果太難，可以先練習心定。心定可以幫助你面臨崩盤下跌時，處變少驚，第一步要練習的方法，就是找個「把」來握！什麼是把握？

「把握」2字源於老子《道德經》第26章：「……是以君子終日行不離其輜重。雖有榮觀，燕處超然……」裡面說的輜重不是大箱小箱的家當，是說有修養的人（君子），手裡隨時握著一個東西（輜重），例如老人拐仗不離手，手上握有一個東西（手機有電磁波，不算），人的心就會比較安定。你看古代官員上朝，手上都握個「笏」，笏的背面除了抄著要上奏的小抄之外，主要還有安定心理的功能。

演變到今日的白話文，我們才會說，做事有沒有「把」握？你有「把」握嗎？意思就是你的心沒亂、有勝算吧！

長見識了嗎？下次試試，獲利了結、停損時如果心情會緊張，就讓心感受一下，找個東西握著，感應到有「把」握在手上了，就燕處超然了。

「鬼手流」金句 11

不管是左側逆勢交易（價值投資者）、右側順勢交易（趨勢投資者）、夾縫盤勢交易（價差投機者），就算白忙一場也必須謹守紀律，因為唯有紀律可以讓你丟掉「得失心」！

2-5

「知己」系列④ 鬼手流發心交易

挖掘護國神山 要大貪、先不貪

鬼手流交易者都是「相馬能人」，相信自己的專業選股能力，更相信股價下跌只是珍珠一時蒙塵，所以不停損；同樣的，因為鬼手流專門發掘「護國神山」，若想長抱大貪，必先保本不貪！

鬼叔將以4個小段來清楚闡述鬼手流發心交易（互利投資者）：①了解發心交易第一因的輪廓、②左中有右，右中有左；文質彬彬，君子多情、③半左實極左，半右實極右，唯有兼左右，財富方自由、④大貪不貪，一日三餐，利己之路，利他覺悟。

鬼叔說過：1千個女人生不出1位成功的右側順勢交易

（趨勢投資者）；1萬個女人產不出1位傑出的左側逆勢交易（價值投資者）；1千萬個女人也很難培養出1名韜略的鬼手流發心交易（互利投資者）；而70億人口，目前只有鬼叔把「互利投資」理論化！

凡事莫忘初衷 必會水到渠成

首先來了解發心交易第一因的輪廓，有了第1章「信為道源功德母」的相信（「知」的層面）之後，如何開始「行」的部分？千言萬語不如一張圖來的清晰明瞭，請搭配鬼手流發心交易（互利投資者）的圖來看！

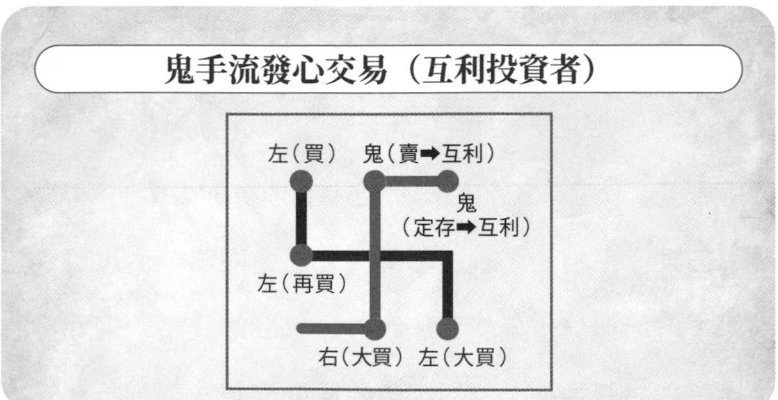

資料來源：鬼手易生

圖中的框、每一條線、每一個點、每一種顏色、每一個字，都有深意！

框 框就是你投資起而行的第一步，就是章節1-1說的要發心或發願！而且要發的是利他之心、互利之心。投資起而行的第一步，永遠都是先看你想要做多大的事，想要利益成就多少的人，你就發多大的願望，起多大的利他互利之心。一旦起心之後，接下來你所有的操作、行為、結果都將離不開這個框！所以說「框」就是你起心的第一因，也就是圖中最外面的方框。

鬼叔自己畫的方框是藍色，代表藥師琉璃光如來（因為鬼叔主要投資生技新藥業），是讓你的發心與宇宙中心連線的媒介力量，這個與宗教無直接關聯，這裡談的是鬼手流發心交易（互利投資者）的投資理論，你也可以用你所信仰、相信的力量（聖母、主耶穌、阿拉、太上老君……），作為你的發心與宇宙中心連線的力量。

如果你不相信發心、發願、立志這回事，你也可以忽略「框」的部分！鬼叔只能跟你分享我的經驗，當你發心之後，人生就像裝了能與宇宙連線的天線一樣，所有的事情都將如有天助，智慧也就自然而然地開了。譬如：原本看不懂的文獻、領域、知識……都會豁然開朗，一竅通百竅通。

說出來確實讓人難以置信，鬼叔原本也不是學統計、更不是學投資的，被南師的著作啟蒙、發大願立大志之後，大學時代有如天書的生物統計學，都能一看就懂。在人生的難關處，也總是會有貴人相助。總之後面的所有，就都水到渠成了。

卐 圖中線條組成「卐」的符號——梵文 स्वस्तिक svástika；中文讀作「萬」，卍字梵語本義，應作卍相、萬相，意思是包羅萬相，跟希特勒沒有任何關係！

ㄣ、ㄏ 前面看起來像注音「ㄣ」的線條代表空頭走勢，後者則代表多頭走勢。

點 圖中的6個圓點，鬼叔畫的也是藍色，用意是切記每一次買進、賣出，都要記得再次發心（勿忘初衷）。

互利 最後的互利2字，代表獲利賣出之後，就是實現你發心、發願志向的時候了！

這張圖，有緣人、修行者、漸覺悟者、願覺悟者看了會很感動；無緣人、無修行者、未覺悟者、不願覺悟者看了就不會有感覺。

以上是發心交易第一因的輪廓，各位想知道的技巧，細節會慢慢在後面的章節交代。其實綱舉目張，掌握要領後，細節自順理而成，細目屬於戰術的部分，可以提供事半功倍之效。鬼叔不間斷、不計得失，在網路平台上寫了這麼多年的文章，陪投資大眾渡過無數個日子、分享了無盡的知識，原因就是因為這也是鬼叔發心的一部分！

長短線操作都要學 順勢而為

左中有右，右中有左，文質彬彬，君子多情。發心交易第一因的輪廓告訴你，投資起而行的第一步「框」：發心（發願、立志）最重要，並不代表發心之後就什麼都不用做，相反地，發心之後更要大量閱讀、學習，盡最大努力準備好進入I象限（自由投資人）的條件（ESBI財商4象限請參考《富爸爸窮爸爸》系列書籍，後面第4章也會簡單說明）。

左中有右，右中有左 左側交易（價值投資者）可以完全不看技術分析；右側交易（趨勢投資者）也可以完全不看產業趨勢、價值和財報，但是，鬼手流發心交易（互利投資者）必須左側交易和右側交易都要精通，也就是左中有右，右中有左，而後才能隨「心」所用。

再複習一遍，孟子：「雖有智慧，不如乘勢；雖有鎡基，不如待時。」價值長線投資、波段趨勢操作、價差當沖短線進出，都要用的恰當均衡。

文質彬彬，君子多情 文質彬彬請參考章節1-6〈馭心大成者：風流大象、淫蕩小樸 長短線獲利法則〉的詳細說明。有所成之後還必須分享出去，多多行善助人（多情），學著減少私心，一味藏私只會讓你越來越卑微；多做利他助人的事，培養廣闊的胸襟。

「鬼手流」金句 12

永遠保持一手好牌，千萬不要打掉好牌去救爛牌，而是要把爛牌換成好牌！

選對好股 不怕跌、勇敢貪大波段

半左實極左，半右實極右，唯有兼左右，財富方自由。前文中，鬼叔拋出2個問題：已經慣用右手的人，還有可能再學習用左手嗎？一個有耐心的左側人，如何又能是一位有果斷決心的右側人？以下來說明。

慣用右手 還能學用左手？

世上無奇不有，當然有可能，只是很少！已經習慣右側順勢交易（趨勢投資者）的人，要再改變自己成為左側逆勢交易（價值投資者），很難成功，因為由奢入儉，難矣。要讓一個傑出的右側順勢交易（趨勢投資者）看著訊號反轉不停損，你甘脆殺了他吧！那麼，已經習慣左側逆勢交易（價值投資者），要改變自己成為右側順勢交易（趨勢投資者）呢？

這就沒有很困難，因為由儉入奢，只會一開始不太習慣而已。要讓一位沉穩、輸得起的左側人，像右側人一樣贏得起，不輕易停利、跟著趨勢賺，他們學的很快。所以我們常常看到，周邊的左撇子朋友，用右手也很順手，但是讓他們學右側人停損，痛苦指數也是一樣的。

如果真的要分一個先後，鬼叔建議先學左側逆勢交易（價值投資者），再學右側順勢交易（趨勢投資者），會比較好上手。要如何才能同時左右開弓呢？一心分兩用、一人分兩半，只要能修止、修觀、修心有成，就能做得到！

轉換心境 可從耐心變果斷？

耐心和果斷完全不衝突，反而是最相近的。耐心是沉穩堅韌，果斷是剛毅果決；需忍時，能忍人之所不能；當斷時，能斬草除根完全不拖泥帶水！再次強調，只要能修止、修觀、修心有成，左右本來就可以同時存在一個人身上。再來看看「半左實極左，半右實極右，唯有兼左右，財富方自由」這句話的意思。

半左實極左 左側逆勢交易（價值投資者）停利不停損，鬼手流發心交易（互利投資者）也不停損，但是鬼手流絕大部分不停利（大貪的部分），所以只能說是半個左側逆勢交易（價值投資者）。極左則是因為鬼手流完全不停損，之所以敢極左是因為鬼手流都是「相馬能人」，相信自己的專業選股能力，更相信股價下跌只是珍珠一時蒙塵而已！

半右實極右 右側順勢交易（趨勢投資者）停損不停利，鬼手流發心交易（互利投資者）敢贏、敢賺、跟著趨勢走賺大波段，停利的部分「不貪」只在訊號反轉出現時，但是因為「大貪」的部分不停損，所以只能說是半個右側順勢交易（趨勢投資者）。極右是因為鬼手流「大貪」的部分，是完全不停利的（定存領配息的被動收入）。敢極右，還是一樣因為鬼手流專門發掘護國神山，挖到了就會長抱「大貪」的部分！

唯有兼左右，財富方自由 看到這裡似乎了解鬼手流不過就是左右兼容，對吧！鬼手流的大貪、不貪，好像也沒有那麼難，對吧！你親身體驗看看自己做不做得到。長期在市場上追蹤鬼叔的都知道，叔最擅長的是心理面，市場上也只有鬼叔跟你談「心」！

為什麼「大貪」和「不貪」知易行難？

①假設你有100張股票，成本20元

當股價漲到100元，你賣掉20張拿回本金（不

▼

貪），剩下的80張定存等配息（大貪），你一定會說：「這不是很簡單嗎？」你試試看你能撐多久？

② **當股價漲到120元⇨150元⇨200元，你還留的住80張嗎？**
好，不貪的部分再讓你在150元時賣掉30張（已賺450萬元），只留50張定存等配息（大貪），你再試試看你能撐多久？

③ **當股價漲到220元⇨250元⇨300元，你還留的住50張嗎？**
好，不貪的部分再讓你在300元時賣掉30張（又賺900萬元），只留20張定存等配息（大貪），你再試試看你能撐多久？

④ **當股價漲到320元⇨350元⇨500元，你還留的住20張嗎？**
好，不貪的部分再讓你在500元時賣掉10張（又賺500萬元），只留10張定存等配息（大貪），搞笑咧！只剩下10%你還敢說自己「大貪」喔！更何況你連1張都留不住，大貪你個鬼啦！現在知道為什麼台積電75%都是外資了吧？！

為什麼會這樣？因為你沒有「框」，你忘了初衷，你忘了利他！只想著利己的人，就只會貪圖眼前的利益。

真正讓鬼手流發心交易（互利投資者）敢極左極右的原因，就是框（發心），因為鬼手流的發心是利人利己、替天行道，你都要替天行道了，老天能不眷顧你嗎？不停利（大貪）的部分——定存領配息增加被動收入，就是「鬼手流」定期的利他基金！

進入市場操作 是修練最快途徑

「大貪不貪，一日三餐，利己之路，利他覺悟」最後這一段，鬼叔以自身投資北極星藥業（6550）的心路歷程，來見證分享鬼手流發心交易（互利投資者）的理論。

北極星藥業從2016年2月興櫃以來，股價在6年半內歷經以下變化：105元⇨150元⇨20元⇨112元⇨9.5元⇨88.6元⇨53元⇨137.5元⇨86.1元，到寫作當下（2022年7月29日）時股價是126.5元。

歷程①：105元⇨150元⇨20元

這是在走「患失」的過程，每天看著盤跌、小反彈後繼續跌，每天都在掙扎，出或不出倍受煎熬。套在高檔的人擔心：再不停損，會賠更多！低成本的原始股東在焦慮：再不停利，會少賺很多！

怕失去及怕得而復失，很不可思議地竟然讓賠錢和賺錢的人都苦不堪言。

歷程②：20元⇨112元

月線V轉了3～4個月，這段是在走「患得」的過程。低接或套牢的人，每天看著股價漲上去，低接的人操心：再不賣，之後跌回來就白忙一場？套在高檔的人慌張：趁現在停損少賠一點，不然又跌回來就完了！

怕少賺或怕又再賠，也很神奇地竟然讓賺錢和賠錢的人，承受的虐心指數也是相當的！

歷程③：112元⇨9.5元⇨88.6元⇨53元⇨137.5元⇨86.1元⇨126.5元

不過是又走了3遍上述的過程而已！真正的修行，其實不用出世，相反地是要入世，尤其是在股市修行修心，修得最快。所以鬼手流發心交易（互利投資者）建議，投資之前要先相信、發心（發願、立志）、修心馭心、知己知彼，若能有所成，要克服上述心境真的不難。

鬼手流發心交易（互利投資者）的理論是建立在利他利己的互利之上，不是怪力亂神之上，只要是有利他需求時，就是最好的Timing，所有的安排都將是最好的安排。

「鬼手流」金句 13

不入虎穴，焉得虎子？欲得虎子，先忘生死！這句話的先決條件是，必須通過「鬼手流」的門檻。

利他而後利己 自然獲得富足

鬼叔最欽佩、最嚮往的2位中國古代戰神挺冷門的，但都是一戰封神，而且是一生只有一戰。第一位是齊國田單，火牛陣一戰復國，一戰封神；第二位是西漢陳湯，犯我大漢者，雖遠必誅之！千里奔襲匈奴，一戰換來漢室邊陲300年太平。我欽佩、嚮往他們的地方在於他們都不是為自己的功勳而戰。

鬼叔回顧自己外匯黃金保證金交易失敗後，重拾自信投入股海至今，雖大小身經無數戰，無一敗績，但是從無一次贏的酣暢淋漓！

近年股市操作戰績

① **成績最佳，報酬率大於100%**：基亞、浩鼎、中裕、藥華藥，雖勝猶恥！

② **成績其次，報酬率介於50%～100%**：同欣電、金麗科。

③ **成績再次之，報酬率介於20%～50%**：航運三雄、寶碩、太極、保瑞、台揚、正文、聯合再生、聯詠、聯電、台積電、燁輝、中鋼、中鴻、合一。

④ **成績最差，報酬率小於20%**：群聯、港建。

鬼叔已沒有機會像田單、陳湯般一生一戰，一戰封神，但是最具代表性的鬼手流發心交易——北極星藥業，是我寄予重望的終極輝煌之戰。希望可以完整地發揮「鬼手流」的精髓，一戰定乾坤！以下就「大貪不貪，一日三餐，利己之路，利他覺悟」這段話逐一說明。

大貪不貪，一日三餐 回想大學求學時代，鬼叔窮到每天在學校等著吃3餐70元的伙食，卻是很開心的。出社會工作還沒拿到第一份薪資前，沒錢吃飯，拿著手錶在當舖前徘徊時，雖然囊中羞澀很狼狽，但內心沒有很難過。就業前幾年，資金周轉常常須要靠信用卡貸款來補足家用，對未來還是充滿期待。

隨著個人收入增加、開始投資保證金交易也賺到錢，人生反而越來越不開心，因為跟家人相處的時間越來越少、小孩成長的過程常常缺席、老是忘記重要節日和家人生日……直到投資保證金交易失敗破產、負債累累之後放慢腳步，不再向外追求，而是向內求諸己。

鬼叔開始學著為別人著想、多傾聽家人的心聲、提升員工的待遇、成立平台讓年輕人有發揮的舞台、成立基金會幫助單親家庭創立家庭手工業、無私分享過來的經歷，人生才又重拾平靜。再伴隨著大量閱讀，慢慢地才知天命了。我們人類，物質上需要的其實真的不多（不用貪這個），這一生追求的就是心靈富足而已（這才要大貪）！

利己之路，利他覺悟 來說一個不要做「好事」

的故事。阿嬌要結婚了，出嫁前媽媽對她千交代萬叮嚀：「阿嬌，嫁到婆家後，千萬不要做好事。」阿嬌很奇怪又有點不高興地問媽媽：「媽，您怎麼可以這樣說呢？您叫我嫁過去之後，千萬不要做好事，難道要我做壞事嗎？」媽媽：「好事都不可以做了，壞事當然更不能做。」

楊朱：「行善不以為名，而名從之；名不與利期，而利歸之；利不與爭期，而爭及之：故君子必慎為善。」意思是，做好事，就算不是為了名，最後名還是會來；有了名之後，就算不期望利，利還是會來；有了名利之後，不管你想不想，就會有人來跟你爭！所以，君子連行善都要非常謹慎小心。

阿嬌嫁過去的是大家庭，姑婆叔嫂一堆，表現太好或太壞都會遭殃，所以母親才會勸她別做好事——別好（ㄏㄠˋ）事！在社會上亦然，不管你願不願意，有了名利之後，排山倒海的嫉、妒、恨、排擠就會接踵而至。你會發現以前的朋友越來越少（不用難過太久，因為同一個思想等級的新朋友會越來越多），你得習慣忍受比別人更長時間的寂寞（成功的路上從來都不擁擠）。

投資的道路上，又何嘗不是如此，有很多人勸鬼叔：「不用那麼熱心，一直跟同學分享好觀念，好標的，而且相同標的、相同時間點，不同的人操作，不會每個人都跟你一樣賺得到錢，賺了他們也不會認為是你的功勞，賠了卻絕對是因為誤信你，一定都是你的錯。」

既然鬼叔發心助人，利他而後利己，就不能因噎廢食，既然要追求心靈的富足，只有放開手（手心向下）幫助他人（財布施、法布施，利他），最後自然就會富足自己的心靈，這就是利己之路——要先利他才能覺悟。

鬼叔與你結善緣，希望你也能成為一位鬼手流發心交易（互利投資者）。

Note

第3章

知。彼。

活用戰術 凌駕大盤

當你已相信自己可以靠投資致富，且發善心、立下堅定不移的志向，並充分了解自己的投資屬性之後，就可以開始進入「知彼」的層次。至於前文所提的修心馭心則非一蹴可就，可以從實戰經驗中慢慢摸索。

所有己身之外的知識和常識都屬於「知彼」的範疇，掌握住這些戰術面的知識，可以加速理想的實現。但是鬼叔一再強調，這些胸（技術面）、腰（消息面）、臀（籌碼面）、腿（國際趨勢面）、臉（基本面）的知識技巧，都是戰術面的層級，最重要的關鍵還是戰略面的相信、發心（立志）、修心馭心。魚與熊掌兩者兼得當然是最好的，但是投資人千萬不要本末倒置、重末輕本。

市場上投資種類的書籍多如繁星，但是千變萬化也離不開源遠流長的中華文化核心，中國古代投資經商都源自「計然」一派的祖師爺——辛文子。

辛文子師承老子，是商聖范蠡（陶朱公）的老師，其傳承下來的《計然七策》目前只保存了5策，最後2策已遺缺失傳，計然派著名的代表人物，還有睚眥必報的范睢、奇貨可居的呂不韋等，使秦國富強一統天下的商界、政界大師們。

據說范蠡學習了《計然七策》，只用了其中5策，便使越國成為春秋五霸之一。助越滅吳後，范蠡攜西施離開越國，到齊國改名為朱公，運用《計然七策》成就了一番商業傳奇—— 19年內三致千金，子孫承其業，遂至巨萬，被後世尊為商人的祖師。即使現在只流傳下來其中5策，用在今天的證券市場中，也游刃有餘了。

策①：論其有餘不足，則知貴賤。

當股票較少、資金充足時，由於股票「供不應求」，股價就會上漲；當股票一直被拉抬，現增、私募擴大發行、股本膨脹，而收益、資金不能同步跟上時，股票「供過於求」，股價就會回落。

策②：貴上極則反賤，賤下極則反貴。

即使是業績最優良、最有投資價值的個股，當漲到一定程度時，必定會跌下來；相反地，跌到一定程度時就會反彈，這是最簡單的物極必反的市場規律。

策③：賤買貴賣，加速周轉。

價格低廉時買進，價格高貴時賣出，最重要的是想辦法讓資金像急流的水一樣快速周轉。加快資金周轉，提高資金使用率，是工商業基礎經營之道，在上漲行情中，高效率的波段操作，能最大化資金利用率，獲取豐厚的利潤。

策④：貴出如糞土，賤取如珠玉。

漲到一定程度時，要能當機立斷，把股票看成大便一樣，盡快地拋出；反之，當跌深的時候，要把股票看成像珠寶一樣，盡可能地買進。沒有冷靜的頭腦和理性的思維，漲時盲目追漲（還愛不釋手）、跌時恐慌斬倉或死守四行倉庫，跟股票談戀愛，計然再世恐怕也只能吐血身亡啦！

策⑤：旱則資舟，水則資車。

天氣乾旱，出現旱災時要購買船隻，當出現洪澇災害時要購買車輛。乍看似乎是不切實際的經營思想，實則非也，因為大旱後，可能會出現洪災，洪澇後也可能出現大旱，要早做準備，以防不測。不要只看眼前，要未雨綢繆。

所有「知彼」的範疇，都跑不出以上5策：供需問題（策①）、市場規律（策②）、低進高出（策③）、不和股票談戀愛（策④）、未雨綢繆（策⑤）。這計然5策，股齡3歲小兒都知道，你為什麼還沒有投資、炒股致富呢？關鍵問題只有一個：你不了解自己！

因為不了解，所以沒有辦法戰勝內心的恐懼和貪婪，鬼叔一直在想，剩下的2策應該是跟心理面有關，既然已失傳，同樣都是道家的傳人，就由鬼叔來補足吧！

很多投資人已經有自己習慣的模式在操作，這本書並沒有要顛覆投資人過去依賴戰術面的投資習慣，只是提供更全面的資訊和方法供參考。鬼叔不會藏私、也不怕青出於藍，單純就是發心分享，更何況懂不懂是一回事，會不會用又是一回事，用了會不會成功也不是同一回事。

「鬼手流」金句 14

心態如果不對，被套只是相對，賠錢才是絕對，公園等你入睡！

不論是戰術面的外在知識技巧，或是戰略面的內在修為馭心，都需要經過實戰訓練、臨場應變、時間淬鍊、經驗總結才能有所成就。師父領進門，修行在個人，成功的先決條件永遠都離不開——勤學！來看看「學射箭」的故事（摘譯自《列子・湯問篇》紀昌學射）。

甘繩是古代一位很會射箭的人，他只要一拉弓，野獸就中箭趴下、飛鳥就從天上掉下，總是箭無虛發，遠近聞名。甘繩有一個學生，名叫飛衛，學成之後，技藝超過了他的老師甘繩，有一個年輕人紀昌，聽到後也想向飛衛學射箭，飛衛說：「你先學好不眨眼睛，然後才可以學射箭。」

紀昌回家後，仰臥在妻子的織布機下，用眼睛盯住織布機的踏板，2年之後，縱然是針尖刺到眼睛，他也不會眨眼。於是，他很高興地把自己的練習成效告訴了飛衛。飛衛說：「你還沒有出師啦！你現在只是學會不眨眼睛而已，一定要學會『看』才可以。你回去好好練習怎麼看，直到看細小的東西像巨大的東西，看微小的東西像顯著的東西一樣時，再來告訴我。」

紀昌回家後，用氂牛毛綁著蝨子懸掛在南面的窗口，然後再從南面盯著牠看。

這樣看了10天，蝨子就漸漸大起來，3年之後，這蝨子看起來就大的像車輪一樣。用這樣的視力去看蝨子以外的東西，就大的像山丘一樣。

於是，紀昌用燕國出產的獸角裝飾的弓，朔方蓬蒿做幹的箭來射那蝨子，一箭貫穿了蝨子的心，蝨子還掛在窗上沒掉下來，有了這樣的成績，紀昌才敢去見飛衛。飛衛聽完紀昌的描述之後興奮跳起來，然後撫摸著胸膛說：「你總算得到訣竅了！」

紀昌學盡了飛衛的射箭之術，心想天下能成為自己敵手的，只剩下老師飛衛，於是決定謀殺飛衛，自己就是天下無敵了。想到就做，紀昌立即行動。這一天，在郊外遇到了飛衛，飛衛一見紀昌就感應到徒弟的殺氣，於是師徒兩人對射起來，箭在中途相碰，掉落地上，連半點塵埃都沒有揚起。

老師飛衛的箭先射完，徒弟紀昌還剩下 1 枝，他毫不猶豫地向老師射出最後一箭，飛衛不慌不忙拿起 1 根荊棘，用荊棘的末端擋掉紀昌射來的箭，擋個正著，一點兒都沒差誤。師徒兩人一看誰也殺不死誰，連忙把弓放下，在路上相拜起來，結為父子，感動得流下淚來，並且割破手臂，滴血為誓，約定好彼此都不能再把這精湛的射術傳授給第三人。

這個寓言故事，道盡學好一門技術的苦練過程（要到爐火純青的境界通常都需要 5 年時間）、師徒之間的微妙關係（不管在任何領域，師徒本來就應該是既競爭又合作的競合關係，才會一代強過一代，才是社會之福）、向現實妥協的識時務者（既然誰也幹不掉誰，只好讓關係更深一層，更緊密地連結在一起創造雙贏）、中華文化裡祖傳秘方的狹隘私心，通篇非常精彩，沒有任何贅字。

道家的寓言故事都沒有結論、沒有對錯，讓讀者自己去判斷。尤其是修心馭心，沒有幾年的實戰磨練是不可能大成的。已經過去的都是遺憾，還沒有來的都是恐懼，唯有活在當下、勤學不輟持之以恆、豁達坦然面對一切，才是王道。

3-1

去蕪存菁 學會鬼手流投資術

學習，要懂得化而裁之才能應變，否則無法應付快速變化的市場。了解自己本身的條件，想通了，該丟的不要可惜、該抓住的不要放過、該變的時候不要遲疑、得推的時候要讓它行得通、利己時不要忘記利他。

「知彼」的範疇至少應該包括：國際宏觀經濟動向、產業未來性、個股財報及指標分析、技術面判斷、籌碼面追蹤，這其中每一個環節的知識，都可以寫好幾本書，這麼廣博的範圍不可能在一個章節講完。

這本書主要是宏揚「鬼手流」投資心法，所以對「知彼」的部分就必須有所割捨，沒有辦法長篇大論、盡抒己見，只會強調菁華中的菁華，但是絕對夠你一生使用！

以下是割捨的故事，孔子周遊列國宏揚自己的政治思想，希望能被國君賞識為社會服務，可惜一直都沒能遇到知己，到了晚年實在撐不下去了，只好回到老家開補習班。

《論語》記載孔子回家的感歎說：「吾黨之小子狂簡，斐然成章，不知所以裁之！」意思是，我們齊魯的後輩都非常聰明，就是「狂簡」，把天下事都看得很簡單，這實在太狂、太不知天高地厚了，這是不好的，他們也很會寫文章，很有自己的想法，但是中心思想還拿不定，不曉得如何裁量、去蕪存菁到合用。

財經知識廣泛 方法適合自己再學

《易經・繫辭》：「化而裁之謂之變，推而行之謂之通，舉而措之天下之民，謂之事業。」意思是一件事情、一篇文章、一本書、一個政策、一種理論，要像裁縫師裁衣一樣，懂得裁量、捨棄、變化；然後才去宏揚，還要推得動、行得通，讓人聽得懂；要能讓天下百姓都能夠安身立命、安居樂業，要能讓投資人讀了之後都能汲取菁華、學以致用、投資致富，才能叫做事業。

譬如民主制度，東方、西方要怎麼樣才能改到合於國情？就要「化而裁之」，不曉得如何「裁」，就不能合適地為他國、為他人所用，最後只會畫虎不成反類犬，很多國家包括台灣現在就是這樣。

一篇文章、一本書、一種理論也是一樣，不曉得裁簡，就失去了鏗鏘有力的意境。很多人寫文章，有很多好句，但全篇連起來看，就是沒有味道！也有些人寫文章，好則好矣，就是太長，看了讓人想睡，這就是捨不得丟掉累贅的原因！

所以說，「化而裁之謂之變」，這個變很難，政治的目的、寫文章的技巧、投資技術的抉擇，道理都一樣，要懂得化而裁之才能應變！也要先通，才能知變、才能處變，否則無法應付人生，更不能應付現在這樣快速變化的市場。

你得先了解自己本身的條件、知道自己想要的是什麼，想通了再決定，該丟的不要吝嗇可惜、該抓住的不要放過、該變的時候不要遲疑、得推的時候要讓它行得通、利己的同時不要忘記利他。

「舉而措之天下之民，謂之事業。」所作所為對人類社會有貢獻，能使人類安定下來的才算是事業。所謂舉措之間、舉措不定的「措」，不是指措施，是指安定。舉措之間能使國家社會都安定，才叫事業。所謂一個事業，就是這件事情做了，起碼影響50年、100年，乃至千秋萬代。

簡化學習 鬼手流投資術快速上手

現代人動不動就說他的事業做多大，真是讓鬼叔哭笑不得，每個人的天下大小可以不一樣，但是要能讓所有人民、員工或讀者都能安身立命、安居樂業、投資致富的「事業」，核心思想是不能打折的。

現代人都很喜歡寫書，動不動就出書，以前很多人都跟鬼叔說，你出口成章、滿腹學識，腦袋裡都是一堆投資的鬼主意，為什麼不出書呀？可是看看書店書架上、網路書店裡，到處都是書，這麼多人在寫書，現在的書真值得流傳下去嗎？你想想看，一本書放在書架上，會常常拿出來看又捨不得丟的，真的很少。只有諸子百家的古書捨不得丟，永遠有它的價值。

真正好的書，不要說幾十年、幾百年，甚至千秋萬代，都不捨得丟。你看紀曉嵐多厲害，清乾隆年代第一才子，人家也沒寫過一本書；再看看諸葛亮也是很不得了，他也只有2篇前後《出師表》，卻永遠流傳下來。鬼叔也不想自己寫的書，被人當垃圾或放在書架上積灰塵。大丈夫立言，如果可以有一、兩句話留下來就要知足了；鬼叔比較貪心要立論，希望可以影響、改變投資人的人生！

所以這個章節，鬼叔必須化而裁之，只介紹如何快速上手使用「知彼」的範疇，不會深入探討本質的問題，就像你只要學會如何使用手機，就可以帶來很多方便，並不需要了解構成手機的原理、成分是什麼，在這裡鬼叔只強調——運用！

Note

3-2

「知彼」系列① 國際宏觀經濟動向

掌控美國金融變化可以觀天下

美國一直以來在操作量化寬鬆、大撒錢救經濟、造成通膨、再升息量縮救通膨的手法！這是一個百玩不膩又很有效的老把戲，投資人必須要搞清楚，這後面的邏輯。

自從工業化以來，這個世界的問題就一直是產業資本過剩，只不過過剩的資本，一直是掌握在少數企業資本家和既得利益的政客手上，並沒有分散到相對多數人手中。

二戰後和二戰前，基本上並沒有什麼不同，只不過已開發國家表面上換了一種模式，繼續對開發中國家進行「資源轉化資本」的掠奪而已。二戰前宗主國大多數的產業是在國內，他們從殖民地掠奪資源後，運回國內轉化為資本，於是資本不斷地膨脹變大，但是市場並沒有變大，所以只能繼續爭殖民地、爭資源。

二戰後這些產業資本演變成金融資本，現在的金融資本是無國界的。當已開發國家的產業資本過剩、國內勞工權益提升、企業利潤下降時，為了廉價勞動力，企業自然就會往發展中國家轉移。世界貿易組織（WTO）追求的全球化，目前只有資本全球化。

圖表 3-2-1 全球經濟市場轉變

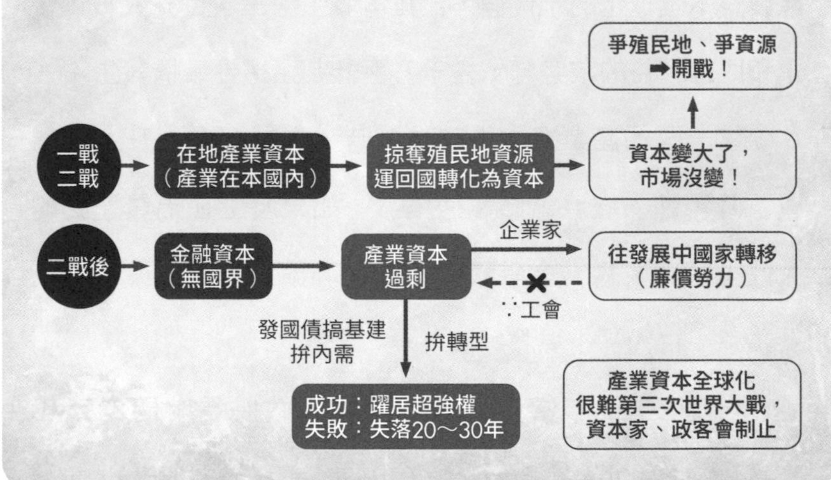

資料來源：鬼手易生

通膨和失業率 呈反向關係

如果已開發國家的勞動力昂貴，為什麼不在各行各業大量引進開發中國家的廉價勞動力，去平衡一下國內昂貴的勞動力？因為這樣的話會造成國內資本流出、國民失業率上升、工會會抗爭……所以，所謂全球化講的只是資本全球化，勞動力是不可能全球化的，只能是企業往發展中國家轉移，就地利用當地的廉價勞動力，把當地的資源轉化為資本，再轉回國內。

現在已開發國家的政治都是為企業資本服務，在這個產業資本全球化的年代裡，很難再發生第三次世界大戰，企業和既得利益的政客們，會千方百計制止這件事情發生。

當一國的產業資本生產過剩時，失業率會上升、內需會下降，進入經濟蕭條（通縮），如果發生在幅員遼闊的大陸型國家，通常會發國債印鈔票，擴大基礎建設以提高就業率，拚內需市場救經濟。

自從2008年雷曼風暴後，美國政府長時間的量化寬鬆（Quantitative Easing，QE）讓菲利浦曲線（Phillips

Curve）近乎平坦化地直接躺平了，菲利浦曲線主要呈現通膨率與失業率的關係，正常情況下兩者呈反向變動，也就是通膨率高時，通常失業率會較低；而失業率高的時候，薪資水準降低，會讓通膨降溫。

不過，2022年的金融危機很特別，因為俄烏戰爭影響，使得能源、糧食、礦物等大宗原物料價格飆漲，造成「成本上升型」通貨膨脹（惡性通膨），美國即使面臨成本上升型通貨膨脹，短期失業率也很難飆升，應該會呈現

圖表 3-2-2 菲利浦曲線呈現通膨和失業率關係

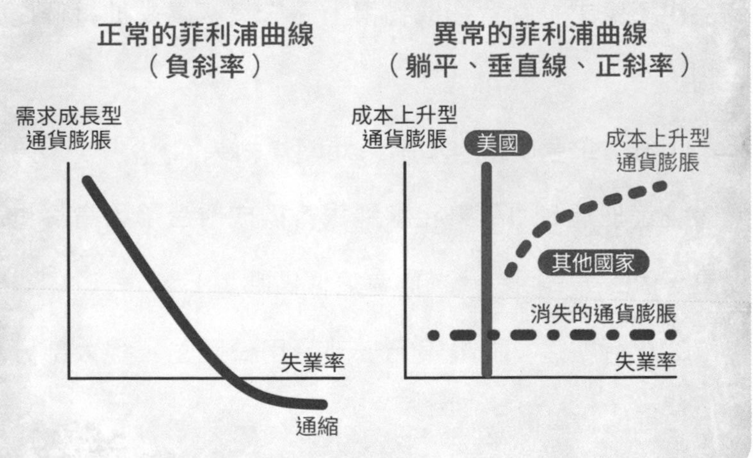

資料來源：鬼手易生

類似垂直的菲利浦曲線，因為美國霸權獨大和美元的主流貨幣地位。其他非美國家就不一定了，如果控制不好，就會出現異常的正斜率菲利浦曲線！

美國一直以來在操作量化寬鬆、大撒錢救經濟、造成通膨、再升息量縮救通膨的手法！這是一個百玩不膩又很有效的老把戲，投資人必須要搞清楚，這後面的邏輯。

美元強勢影響大 寬鬆政策引發通膨

什麼是通貨膨脹？簡單來說就是市場上的錢比貨多，商品供不應求，就會造成物價上漲，鬼叔清楚地打個比方說明：

①台灣企業出口100萬美元的貨到美國，淨利10萬美元，企業把這110萬美元拿到銀行換成新台幣（當然也可以買等值的美貨回台灣，你會這樣做嗎？）。

②銀行把這110萬美元一部分用做匯兌，絕大部分拿到央行換成新台幣。

③央行再把這110萬美元用做企業匯兌、外匯儲備、

買美債，因為美債的信用度比外匯儲備高，同時風險又比外匯儲備低，持有美債對本國貨幣能起到穩定作用。

看到了嗎？這110萬美元，到最後大部分又回流到美國手上！結果是什麼？台灣方面，市場上少了100萬美元的貨物、多了價值10萬美元的新台幣、1張美債欠條；美國方面，市場上多了100萬美元的貨物、錢沒有變少，只要付美債的利息就好。怎麼付利息？繼續印紙鈔，就可以白嫖全世界的貨物、收割全世界的利潤，然後把通膨轉嫁給全世界！

圖表 3-2-3 美國強勢經濟體影響全球貨幣

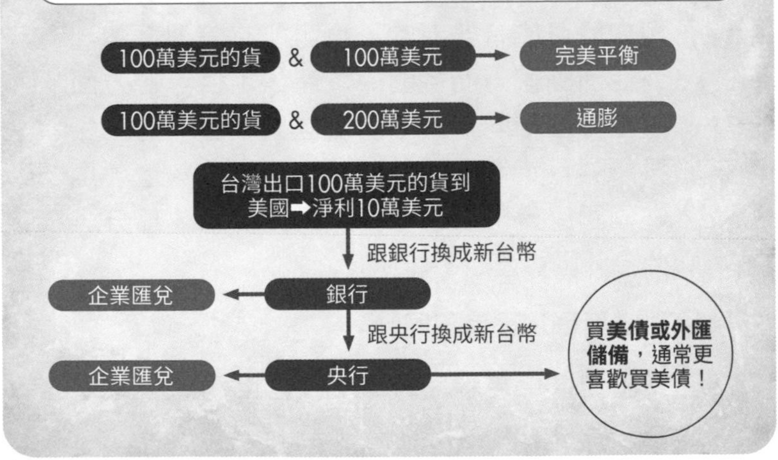

資料來源：鬼手易生

美國國債和外匯儲備的區別

① 性質不同

外匯儲備是指一個國家持有並可隨時兌換他國貨幣的資產，有多種形式，如短期存款、匯票期票、支票及有價證券等；美國國債則專指美國政府發行的國家債券。

② 支付方式不同

外匯儲備可直接用於國際支付；美國國債則需要變現，賣出後變為其他貨幣的資產，方可用於支付。

③ 應用及信用度不同

外匯儲備可能包括許多國家的可兌換資產，例如既可能有非洲的，也可能有美洲、歐洲或亞洲國家，而各國的資產信用度等各方面應用範圍不同；美國國債信譽卓著，為全世界所認可，可以說擁有美國國債的數量，是一個國家貨幣信用和實力的重要組成部分，此為外匯資產所不能比。

④ 風險與穩定程度不同

外匯資產風險程度較高，依國際經濟、政治

及市場波動而變動；美國國債的風險程度非常低，至少到如今幾十年保持非常穩健，而且收益良好。

外匯儲備和持有美債都是一個國家重要的金融貨幣財政匯率政策，對國家的信用和經濟發展起了至關重要的作用，兩者在各自的領域都發揮著無法替代的作用，合理運用會促進經濟良性發展和提高國家信用。

升息讓美元回流 維持強勢霸權

當美國一直量化寬鬆（撒錢）造成通膨之後，又會升息和量化緊縮（Quantitative Tightening，QT），美其名曰要抑制通貨膨脹。

但是從圖表3-2-4你就可以看出，美國根本不怕通貨膨脹，即便是成本上升型通貨膨脹（惡性通膨），短期對美國就業率也沒有任何威脅，美國只要調升利率促使美元回流升值，就可以輕鬆擺平高失業率！

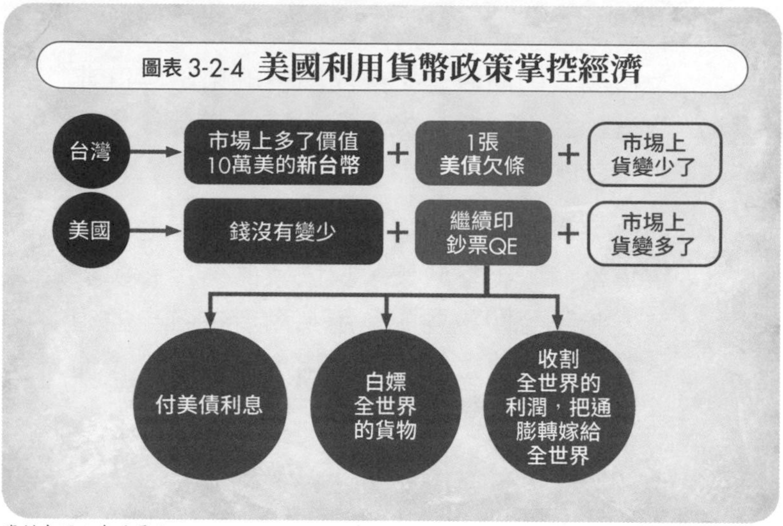

資料來源：鬼手易生

問題是大多數的老百姓和投資人，對通貨膨脹的概念一無所知。鬼叔只提出一個非常簡單的問題：「抑制通膨，為什麼要升息？」

再回顧一下什麼是通膨？市場上的錢比貨多，當供不應求會造成物價上漲。那麼，抑制通膨最直接最簡單有效的方式，應該是大量進口價格上漲的商品，讓供需失衡、供不應求的狀況變回供需平衡；或者也可以降低關稅，讓進口商的成本下降，商品的價格自然就有降價空間。

政府如果要大量進口價格上漲的商品，就需要更多錢，所以，現在你知道美國所謂的升息抑制通膨，其背後真正的目的是什麼？造成利差和匯差，讓全世界的美元主動回流美國，維持美元強勢的霸權地位。

不管是成本上升型通貨膨脹（惡性通膨）造成的正斜率菲利浦曲線失業率上升，或是產能過剩、經濟蕭條（通縮）造成的失業率上升，最有效的解決方法都是提振就業、擴大內需市場。

要提振就業、擴大內需市場，幅員遼闊的大陸型國家（如中國、美國）最常用的就是擴大基礎建設，而海島型國家最常用的則是轉型新創行業，例如台灣提出的智慧機械、亞洲矽谷、生技醫藥、綠能科技、國防、新農業及循環經濟的「5加2產業創新計劃」。

擴大基礎建設和推動轉型新創，一樣都要用很多錢，錢從哪裡來？還是要發國債、印鈔票呀！那不一樣是量化寬鬆嗎？怎麼會是升息？因為美國先升息了，為了防止大量美元因利差和匯差流出，其他國家才不得不跟進，但是美國企業投入非美國家市場的QE熱錢，還是免不了要提回美國還款，畢竟當初幾乎等同白借的錢，現在要還利息了。

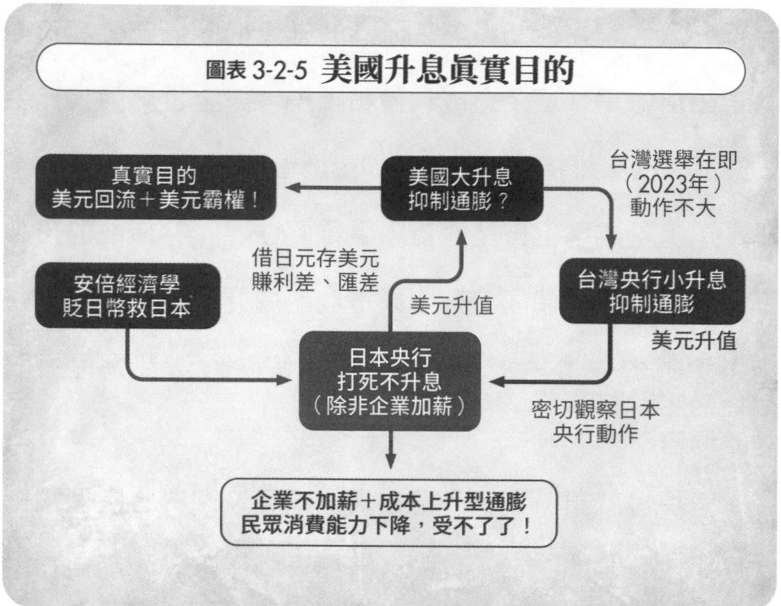

圖表 3-2-5 美國升息眞實目的

資料來源：鬼手易生

面對系統性風險 投資慎選產業

即使金本位制瓦解，美元和黃金脫鉤之後，因為美國是全球霸權且信用良好，全世界持美債的債權國都能容忍上述這些荒唐的事情，心甘情願地讓美國白嫖全世界的貨物、收割全世界的利潤，把通膨轉嫁到全世界。

但是俄烏戰爭，美國以將來重建烏克蘭的名義凍結俄羅斯3,000億美元的外匯儲備，美國財政部長葉倫甚至公開警告中國，如果站在俄羅斯一方或侵略台灣，美國將凍結中國的美債及外匯儲備。這裡鬼叔不討論國家主權的問題，只是提出美國這樣的行為和聲明，對美國本身的信用問題已是一記「七傷拳」，這是國家信用的問題！

人無信而不立，更何況是國呢？既然美債和外匯儲備會被凍結，各國央行還會像以前一樣買那麼多美債嗎？各國央行少買美債，多出來的這些錢要買什麼？當然是買剛需用品（如糧食、醫療用品、石油、天然氣、礦產等）；俄羅斯以關閉北溪1號、2號的「斷氣」行為反制，上述結果都會讓市場上大宗原物料供不應求，物價持續上漲。

2022年以來美國大幅升息，還會不會像以前一樣奏效？升息的同時，美債利息也會增加，美債的利息若太高，回流的美元不夠用怎麼辦？繼續印鈔票！那到底是要印鈔票還是要緊縮？有時候自己挖的坑，最難跳。這樣的事件沒有前例可參考，所以沒有人估得準，寫書當下，大家都在等著看結果會怎樣？

講這些主要提醒的是，國際性系統災難時期，投資股票市場就要懂得慎選產業。這麼複雜的國際性問題，簡化來看不也就是《計然七策》中策①：「論其有餘不足，則知貴賤。」的供需問題而已嗎？因應之道可以用策⑤：「旱則資舟，水則資車。」的未雨綢繆來解決。

圖表 3-2-6 利用貨幣政策把通膨轉嫁全球

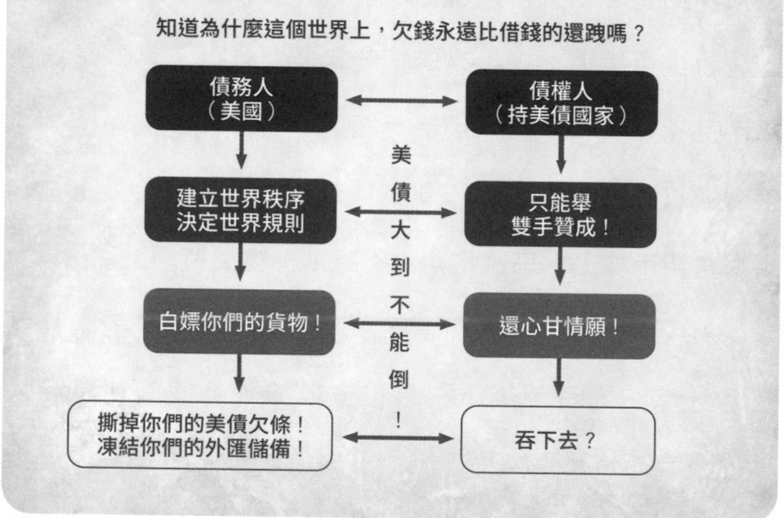
知道為什麼這個世界上，欠錢永遠比借錢的還跩嗎？
債務人（美國）
債權人（持美債國家）
建立世界秩序 決定世界規則
只能舉雙手贊成！
白嫖你們的貨物！
還心甘情願！
撕掉你們的美債欠條！凍結你們的外匯儲備！
吞下去？
美債大到不能倒！

資料來源：鬼手易生

Note

3-3

「知彼」系列② 產業面

先選對產業 再進行個股研究

當有地緣衝突發生，對股市可能就會有充滿不確定性的影響，在動盪中有能力選出相對優質的產業和個股，就可以進入財報分析、技術分析和籌碼追蹤等領域。

天下承平時，稍微懂一點產業或者看得懂一點財報的投資人，都可以有穩定的獲利。2008年金融風暴後，全球救市進行貨幣寬鬆，大盤整個都是大牛市，除非運氣太差的投資人，都能在股市裡賺到錢！

但是，當有地緣衝突發生，對股市可能就會有充滿不確定性的影響。在這種波雲詭譎的時期，要判斷某一個產業或是某一檔個股是否會受影響，就必須先釐清該地緣政治漫延出來的效應及衝擊性。鬼叔以俄烏戰爭的影響舉例，讓投資人可以趨吉避凶、選對投資產業，在嚴峻時期依然能有不錯的投資報酬率。

影響各產業發展 美元策略很重要

前面提到，歐美以重建烏克蘭的名義為由，凍結俄羅斯外匯儲備，美國甚至放話，若中國選擇站在俄方，將受到同樣的制裁，導致親俄國家及其他國家對美國信用畫上問號，他們會減持美債及外匯儲備，多出來的錢會以儲備石油、天然氣、醫療用品、糧食等大宗原物料為優先。

而俄羅斯對歐美的制裁，則是以關閉北溪1號、2號天然氣管線為反制，造成市場上的能源需求大於供給，再加上各國哄搶供不應求的大宗原物料，物價飆漲的成本上升型通貨膨脹（惡性通膨）於焉誕生。

很諷刺的是，俄國對歐洲「斷氣」最大獲益者，竟然還是美國！美國從一個天然氣進口國，在2017年開始到

2022年上半年，一躍成為全世界最大的天然氣出口國。試想，歐元兌美元從1.2:1到寫書當下不到1:1的匯率，不就代表歐元區的人民，購買率自動下降20%，再加上通貨膨脹如果8%的話，購買率總共下降28%。

很有趣，美國升息、美元回流，不只整到敵人俄國和中國，同時被整得更慘的還是美國的盟友——歐盟！也許是一箭多鵰，也許是醉翁之意不在酒，美國真正的目的也包括拖垮有能力取代美元霸權的潛在競爭對手——歐元，難道，歐盟會坐以待斃？

美元策略幾乎會影響每一個行業，所以必須先釐清量化寬鬆（QE）。量化寬鬆的目的是希望透過個人及企業貸款讓熱錢流向市場，使得市場上錢比貨多，讓貨物的價格成長，適度讓通膨上升可以有效降低失業率。問題在「錢比貨多」就一定會「供不應求」嗎？

剛需類股 較不受惡性通膨影響

個人及企業貸款，並不一定會用在創業和本業擴展上，大部分的貸款其實都是流向股市炒作，為什麼會有「消失的通膨」的原因也在此。可以參考圖表3-3-1，這些熱錢以外資的方式進入非美國家股市，增加當地政府的稅收、收割當地資本市場之後，最後這些錢還是會以不同的方式回到美國手上。

所以，不管是量化寬鬆或量化緊縮（QT），只要大宗原物料還是以美元計價，美元仍然會是最強勢貨幣（金本位制解體之後一直都是），美元就一定會回流到美國。

圖表 3-3-1 美元政策影響全球產業

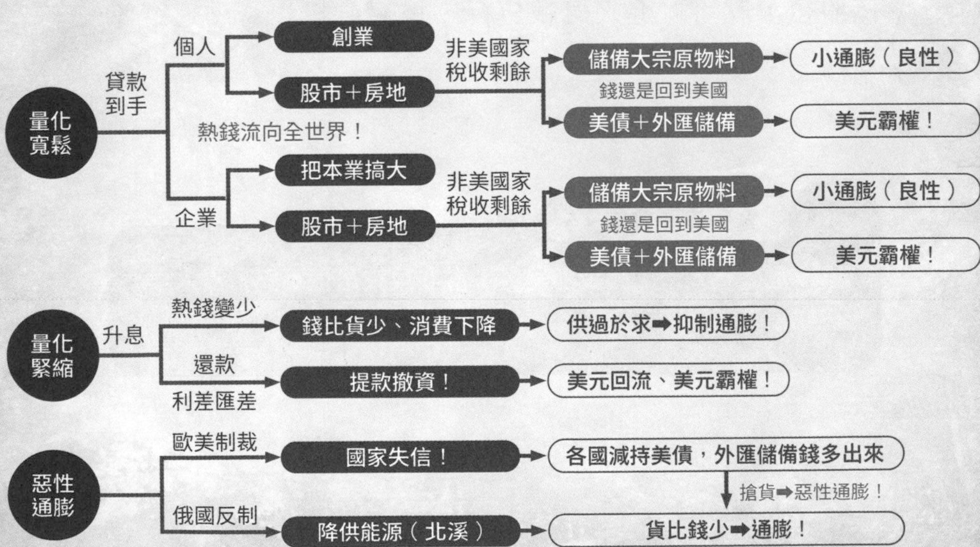

資料來源：鬼手易生

在這種情況下，除了小池塘沒有大魚之外，即使是非常有前瞻性的公司，現實中的股價也不一定會按照合理推論的方向走，很多財報和獲利不錯的公司，股價也會受QT影響，因外資一直提款回流美國而大跌，例如台積電（2330）。

了解上述的情況之後，你就能判斷出不受QT影響、甚至能受惠於惡性通膨的產業及個股，就是鬼叔提到的剛需類股。剛需類股中，台灣股市最適合投資的是生技類股，因為除了不受大盤影響之外，又是國家重點扶植的產業。

承平時期和亂世，你都有能力選出相對優質的產業和個股後，就可以進入財報分析、技術分析和籌碼追蹤等領域。

「鬼手流」金句 15

危機不入市，腦袋都是屎！當韭菜在恐慌不安，富人早已布局準備賺翻。

Note

3-4

「知彼」系列③ 財報分析

一正、二快、三夠穩挑出績優股

選擇一檔股票投資，要確定這是能幫你賺到錢的績優股，而且可以賺到錢的時間不用太久，還絕對不能是會被套死的地雷股，記住一個口訣：「一正、二快、三夠穩」，就能挑得出來。

除了左側逆勢交易（價值投資者），其他的右側順勢交易（趨勢投資者）和夾縫盤勢交易（價差投機者）是完全不看財報的！鬼手流發心交易（互利投資者）因為有相信、發心（立志）、修心馭心、知己，所以在「知彼」的部分，僅須重點式的掌握關鍵即可。

財報分析指標多如牛毛，而且艱澀難學、難懂難用，這也是市場上大多數的投資人，大概也只會看一看流動比、速動比、負債比、每股盈餘（EPS）的原因。

可以把簡單的東西講得很複雜的叫「教授」；可以把複雜的東西講得很簡單的叫「CEO」。教授會把東西講得很複雜，是為了鐘點費；CEO把東西講得很簡單，是為了效率！鬼叔既然敢說速成法你就不用擔心，一定可以深入淺出地讓你很快吸收，這世上也只有鬼叔會把自己投資致富的公式，毫無保留地教到你會，因為「分享」是「鬼手流」發心很重要的部分。

選擇一檔股票投資，首先一定要確定這是一支能幫你賺到錢的績優股，而且需要的時間不用太久，還絕對不能是會被套死的地雷股，能具足這3項條件的股票，問君何懼之有？記住一個口訣：「一正、二快、三夠穩」！

一正 用本益成長比 挑股價低估股

「只要政治正確了，所有的事就都正確了。」同樣地，只要本益成長比（PEG）這個數字正確了，這支股票就值得持有，這家公司就值得投資！

本益成長比是英國股神吉姆．史萊特（Jim Slater）所發明，史萊特也因為這個指標而被封神，有興趣深入研究的人，可以參考《祖魯法則》這本書，當你看完，會發現除了穩定成長股，其他並沒有辦法完全適用台灣的股市和個股。

認識本益成長比（PEG）

①本益成長比最適合用在評估成長股和轉機股，可以幫你篩出個股有沒有被低估或高估。

②計算公式：PEG＝本益比÷年複合成長率（CAGR），當PEG小於1，表示該公司被低估；當PEG大於1，表示該公司被高估。

③本益成長比計算時，有將未來獲利成長納入考量，可以評估一間公司未來成長性，算是本益比的進階版。

一個產業的CAGR你可能不知道要去哪裡找資料，但是一檔個股的CAGR只要用每股盈餘成長比（EPS Growth Ratio）就可以計算，盈餘每年成長多少和年複合成長非常接近。

鬼叔建議至少要用「過去3年＋今年預估」共計4年的盈餘來算成長比，你也可以選擇用5年甚至更久，但是以鬼叔的經驗來看，3＋1年就足夠了，不過你最好連續算3～4個過去的「每4年」數字。

圖表 3-4-1 同欣電（6271）營收狀況

	A	B	C	D	E	F	G	H	I	J	K	L	M	N
1	時間	本益成長比（PEG）	買進或賣出	合理股價（元）	回溯本益比	前瞻本益比	EPS（元）	實際股價（元）	每股淨值（元）	營收（仟元）	淨利（仟元）	淨利率（%）	CAGR	總發行張數
2	2019年						4.49	156.5		7,430,654	720,186	9.69		0
3	2020年						7.88	177		10,178,002	1,378,265	13.54		179,754
4	2021年						15.49	297.5		13,860,114	2,764,692	19.95		178,708
5	2022年Q1						5.08	290		3,465,581	907,837	26.2		178,708
6	2022年4月						1.74	234		1,187,505	311,077	26.2		178,690
7	2022年5月						0	256.5		0	0	26.2		178,690
8	2022年推估4年	0.27	買進	324	19.21	12.46	20.46	255					46.11	

資料來源：鬼手易生

以同欣電（6271）為例（寫書時，2022年4月的數據僅公告營收，確切的淨利尚未知，正好可以分享一下如何預估未公布的淨利）：

①CAGR＝每股盈餘成長比是〔（G8÷G2）^（1÷4）－1〕×100%。

②G8是推估2022年的EPS，G2是2019年的EPS，因為是4年所以公式除以4。如果你要算2021年的過去4年CAGR，公式就是2021年除2018年的EPS，以此類推。

③推估計算2022年4月的EPS＝K6÷N6＝以2022年Q1淨利率推估2022年4月淨利÷發行股數＝1.74。

④推估2022年全年EPS（G8）＝（G5＋G6）×12÷4＝（確定已知的Q1＋推估的4月）÷4×12＝20.46。

⑤本益比（PE）＝H8÷G8＝股價÷EPS＝12.46。

⑥PEG＝F8÷M8＝本益比÷盈餘成長比＝0.27。

計算後知道同欣電PEG為0.27，當PEG小於0.75就值得投資，但並不是越小越好，PEG若太小，代表可能是短期內獲利起伏太大的公司，例如景氣循環股，最具代表性的是，2021年海運三雄PEG都是介於0.02左右，如果換算成股價應該要漲到5,000元，這種低到嚇死人的PEG並不代表股價被嚴重低估，而是這間公司股價因為某些偶然因素大漲，並非常態，可能只有1、2年而已。

還有一種情況PEG會很低，那就是轉機股的EPS由負轉正，你必須再進一步了解公司的產品、人事、前瞻性，也許這間公司的命運就是從這一年開始改變，那你也不要錯過了這麼好的機會而不敢投資，所以鬼叔建議連續計算3～4個過去4年，就可以排除掉這個情況。

如果你看懂了如何計算，自己在Excel檔計算之後，慢慢地你會發現很多個股算不出來，或者是算出來數字很奇怪的時候，可以訂閱《鬼道》致富App，所有的問題都已經被鬼叔破解了！

二快 2個指標 抓住爆發快飆股

用相對強弱指標（Relative Strength Index，RSI）、市值營收比這2個指標，教你輕鬆抓住爆發快飆個股！

指標①：相對強弱指標（RSI）

RSI指標是用來比較一支股票表現和整體市場的的關係，說明如下。

認識相對強弱指標（RSI）

①計算公式＝（個股期末收盤價÷大盤期末收盤指數）÷（個股期初收盤價÷大盤期初收盤指數），當RSI等於1，代表和大盤一樣。

②RSI＞1代表比大盤強，強多少？看小數點後數字，如圖表3-4-2中「過去1個月」RSI為1.09，代表同欣電過去1個月，股價比大盤強9%。

③RSI＜1代表比大盤弱，弱多少？看小數點後數字，如圖表3-4-2中「過去3個月」RSI為0.92，代表同欣電過去3個月，股價比大盤弱8%。

圖表 3-4-2 同欣電（6271）RSI計算

項目	過去1年	過去3個月	過去1個月
個股期末收盤價（元）	256.5	256.5	256.5
個股期初收盤價（元）	182	292	232.5
大盤期末收盤指數	16,807.77	16,807.77	16,807.77
大盤期初收盤指數	17,098	17,658	16,593.21
RSI	1.43	0.92	1.09

資料來源：鬼手易生

強者恆強，過去1個月、3個月、1年都比大盤強的個股，就是絕對強勢股，或者3個時段中，至少要有2個比大盤強，如圖表3-4-2同欣電RSI僅3個月比大盤弱，勉強還能夠接受；3個時段中，如果有2個比大盤弱，即使這間公司的PEG很誘人，也要認真思考一下值不值得投入，因為「股性」（主力）很可能是溫吞型，如果你的耐心不夠、不耐磨，天涯何處無芳草，何必單戀一枝花？

指標②：市值營收比

市值營收比是一項好用、可以快速計算的指標，用來衡量公司市值與營收關係的財務比率，原則上只需要3分鐘時間，在手機的計算機上就可以馬上知道答案，快速過濾一支股票有沒有被高估或低估，計算公式是：（股價×發行張數）÷營收，市營比小於1代表營收比市值高，原則上市營比越小越好，越小代表被低估越多，越容易爆發。

圖表 3-4-3 同欣電（6271）市值營收比計算

	A	B	C	D	E
1	時間	營收（仟元）	總發行張數	股價（元）	股價營收比（最好小≦1）
2	2021年	13,860,114	178,708	297.5	3.84
3	2022年Q1	3,465,581	178,708		
4	2022年4月	1,187,505	178,690		
5	2022年全年推估	13,959,258	178,690	255	3.26

資料來源：鬼手易生
說明：紅字為預估數字，寫書時，2022年4月的數據僅公告營收。

以圖表3-4-3為例，同欣電2022年市營比＝（股價×發行張數）÷營收＝（D5×C5）÷B5；同樣的，因寫書時僅公告4月的營收，故全年營收是用表格中（B3＋B4）÷4×12推估。

但是看市營比要注意一點，淨利很低的產業，即使市營比小於1（營收比市值高）也沒有什麼用，淨利小於5%的產業都是血汗產業，這樣的產業連存在都是多餘的，淨利至少要有10%以上的公司才值得投資，因為沒有辦法轉變為獲利的營收，沒有意義！

「鬼手流」金句 16

天下承平時，賺不到錢的營收，就是個屁；

當系統性災難來臨時，賺到再多錢的營收，一樣是個屁！

當市營比大於1時，代表營收小於市值，不過不同產業，可接納的市營比也不一樣，譬如說台灣的電子產業，投資人普遍都能夠接受股價被高估，當這種常態已經變成一種集體潛意識的時候，也只能入境隨俗地接受了。所以，如果是毛利、淨利雙高的產業，市值營收比可以超過3，但上限容忍度只能設到5。

三夠穩 3組指標 挑出獲利穩定公司

「三夠穩」是指用3組指標幫你避免踩到地雷股，輕鬆安全地持有「一正、二快」的績優股！

①營業現金流對盈餘比

每股營業現金流是用來衡量現金收入能力，每股盈餘指的每股股票可獲得的淨利，營業現金流對盈餘比最適合判斷一家公司是否有表面上看不出的陷阱！

圖表 3-4-4 同欣電（6271）營業現金流對盈餘比 單位：元

時間	每股營業現金流入	每股盈餘	營業現金流對盈餘比
2017年	18.51	5.91	313%
2018年	9.26	6.13	151%
2019年	11.38	4.49	253%
2020年	14.14	7.88	179%
2021年	25.78	15.49	166%
2022年Q1	6.05	5.08	119%

資料來源：財報狗

最好＞100%，不得＜80%

想要賺更多的錢，手上就必須先有錢，一間公司如果沒有強健的現金流，又怎麼能為股東帶來更大的利潤？所以，每股營業現金流最好要高出每股盈餘一大截，才是最好的。

營業現金流對盈餘比

營業現金流對盈餘比是用來衡量每一塊錢稅後盈餘，實質上帶回多少現金流。

① 計算公式＝全年營業現金流÷全年稅後盈餘

② 營業現金流對盈餘比＞100%，代表稅後盈餘帶回至少等量的現金流入。

③ 營業現金流對盈餘比＜100%，代表稅後盈餘並未帶回等量的現金流入。

營業現金流對盈餘比必須長年大於100%為佳，最低要求不應低於80%，如果營業現金流對盈餘比長期低於80%，則代表本業把現金賺回來的能力不佳，獲利能力上就會讓人有疑慮，投資人需要特別注意。

②ROA、ROE、 ROIC

ROA（資產報酬率） 計算公式＝[稅後淨利＋利息×（1－稅率）] ÷期初及期末資產平均，是衡量一間公司利用資產的效率，ROA越高，代表公司利用整體資產帶回的獲利越高。以ROA衡量一間公司時，長期來說至少要比定存利率及借款利率高，不然把錢拿去定存就好了，不只獲利更好，安全性還更高。

ROE（股東權益報酬率） 計算公式＝稅後淨利÷期初和期末股東權益平均 ，是衡量一間公司為整體股東創造獲利的效率，ROE越高，代表公司能為股東賺回來的獲利越高。

ROIC（資本使用回報率） 計算公式＝息稅前利潤×（1－稅率）÷投入資本，其中，息稅前利潤（EBIT）＝營業收入－營業成本－營業費用＋業外收入支出（或是稅前淨利＋利息）；投入資本＝股東權益 ＋有息負債＋未付股利 ＋股東無息借款。

ROIC是投資人評估公司是否能有效利用資本，賺取超額報酬的指標。一間公司的成長，就是運用公司賺到的錢，扣除發放的股利後，剩下來的部分再投資創造報酬，ROIC越大，代表公司投入的資本可以創造出更多的業主盈餘。

如果你不記得那麼複雜的名詞、定義及計算公式也沒有關係，很多券商的手機軟體裡面都有，連同產業比較都幫你排名好了，可以問你的營業員。

簡單快速的運用口訣

①ROA、ROE、ROIC的排名最好在同類前二分之一，前四分之一則更優。

②ROE要大於ROA，且ROA要大於定存利率及借款利率。

③若ROIC＞20%，代表這間公司善用籌資的錢增產，甚至可以不用擔心公司債務過高。

③β係數（Beta Coefficient）

β係數是用來衡量一檔股票相對大盤波動的系統性風險指標，鬼叔通常會選擇β係數0.8～1.75之間的個股操作，β係數太小，例如中華電信（2412）是0.02左右，只適合定存；β係數大於2的都是「妖股」，鬼叔有點年紀了，怕心臟受不了。。

β係數的應用

①β＞1：代表個股波動性大於整體市場波動性（易飆易跌）。

②β＝1：個股波動性與整體市場同步。

③β＜1：個股波動性小於整體市場的波動性。

④β為負：個股的走勢跟大盤相反。

只要能夠掌握住「一正、二快、三夠穩」原則，其他的財報有空再研究就好。掌握住了以上財報分析和指標，也別忘了《計然七策》的策②：「貴上極則反賤，賤下極則反貴。」即使是業績最優良、最有投資價值的個股，當漲到一定程度時，必定會跌下來；相反地，跌到一定程度時就會反彈，這是最簡單的「物極必反」市場規律。

千古文章一大抄，很多市面上的書籍都是剪剪貼貼、東抄西湊，這本書的每一個字都是從鬼叔的腦袋裡內化過後，再從心裡對話寫出來的，所以你在看這本書的時候，就像在聽鬼叔跟你聊天一樣。

整本書的內容都是以「鬼手流」投資心法貫穿全文，因為不想寫的太過繁雜，「知彼」的戰術篇幅，鬼叔在3千多字的範圍內，讓讀者完全觸及到財報分析指標的精髓，而且看完後就能夠獨立運用，所以有緣看到這本書的人，請珍惜這樣的緣分，把鬼叔的這份「發心」傳遞出去，不用怕別人也學會了，知道是一回事，做不做得到又是另外一回事。

知道這些「知彼」戰術的投資人，如果沒有從根本的相信、發心（立志）、修心馭心、知己，要投資致富難如登天，就算運氣好偶爾買到狂飆股，發財也守不住，很快又會被市場收割回去了，希望你不要捨本逐末，那這本書就白買、白看、白浪費時間了！

Note

3-5

「知彼」系列④ 技術面

7指標、7線型 技術分析快速入門

股市之凶險，即使身經百戰且做好萬全準備，尚且難以捉摸！技術分析必須非常精準、面面俱到，才能把勝算提高、風險降低，絕對不是常聽到別人跟說的：「技術分析高手，只看移動平均線就夠！」

這本書主要是以投資心法（心理面）為主、「知彼」戰術的基本面和技術面等分析為輔，且是濃縮菁華的綜合演繹分析，初學者如果看不懂，建議先買一本技術分析入門書籍，看完之後再來看這個章節，就會非常有感。

技術面基本上就是大眾投資行為的集體表現，如果你有經過修止、修觀、修心的過程，當你看著技術面的線圖時，可以感受得到大眾的心情起伏，如果你只是把它當線圖看，學起來就會事倍功半。

技術分析派系繁雜、百家爭鳴，券商看盤軟體中的技術指標也是琳瑯滿目，相信很多投資人都只用常用的幾個指標分析而已。技術分析最被人垢病的就是事後諸葛，所以才會被人戲稱「線仙」。確實，不管你的技術分析多厲害，如果心理沒有控制好，也賺不到錢，而且現在的主力非常狡猾，很多指標都是假突破，用來誘敵深入！

技術指標應用要小心 避免反誤入陷阱

以2021年8月2日的群聯（8299）為例，紅K帶量突破盤整收縮的所有移動平均線（MA），收斂分散移動平均線（MACD）的快線DIF（–0.43）即將往上突破0軸、OSC（DIF減MACD的值，0.7）小紅柱開始翻紅；隨機振盪指標（KD）開口拉開、9K和9D分別位於中檔位階58.3、41.31，沒有背離現象。任何一位右側順勢交易（趨勢投資者），看到這樣的圖不可能不心動入場（圖表3-5-1）。

圖表 3-5-1　群聯（8299）主力誘多

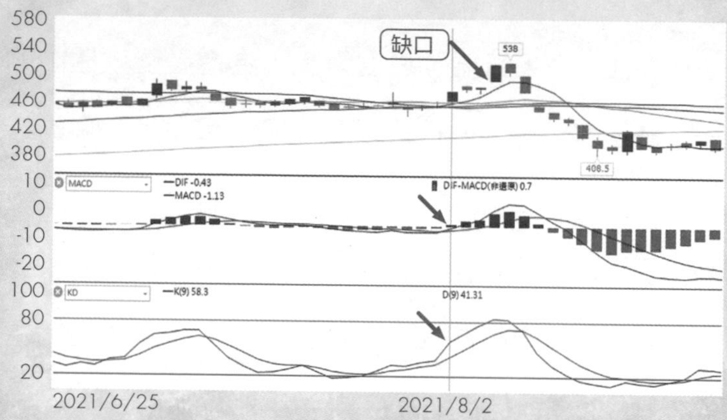

資料來源：CMoney理財寶

鬼叔是在2021年8月3日以均價499元買入，2天後8月5日512元開盤帶量（8,760張）大漲，布林通道（B-band）喇叭口打開，9K、9D分別為83.66、67.07，MACD非常漂亮、20T乖離率（BIAS）10.59%，當天股價收在535元。

唯一會讓右側人（技術派高手）心裡不踏實的，除了20T乖離率10.59%之外，只有跳空上漲（503元⇨512元）的「缺口」，鬼叔也認為應該是要展開一個大波段的上漲，所以帳上7%的獲利選擇留單。

隔日，8月6日，群聯開盤537元、高價538元、低價521元，碰到MA 3，收在525元，成交量降為4,295張。MACD及布林通道無異常，KD鈍化，20T乖離率收縮至8.04%，這個時候，大多數的右側順勢交易（趨勢投資者）可能還是會選擇留單停、看、聽，甚至有人可能還會選擇加碼。

鬼叔警覺性算高，在8月9日MA 5下彎、價位跌到511元，確認會補2天前的缺口賣出（圖表3-5-2），獲利從7%

圖表 3-5-2 群聯（8299）除息後急跌

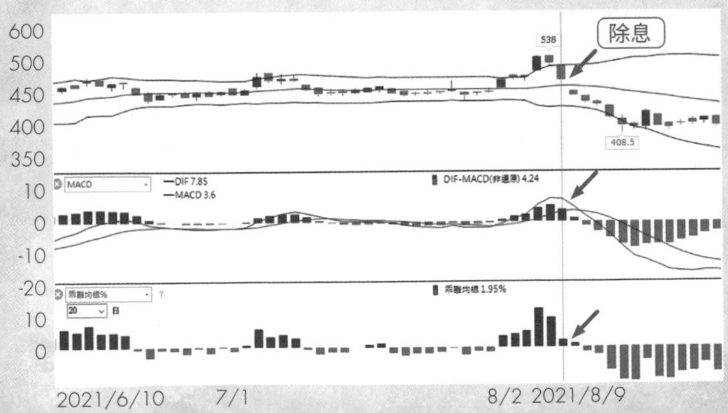

資料來源：CMoney理財寶

下降至2%，僥倖躲過隔天8月10日除息開始的棄息下跌波，再晚1天就是20%的跌幅，如果不止血，後面一套就是4個月，得等到年底才能解套。能解套，還是因為群聯有一定的基本面支撐，不然後果不堪設想！

以上經驗分享，相信你能切身體會親臨其境的感覺，股市之凶險，即使你身經百戰且已做好萬全的準備，尚且波譎雲詭、變幻莫測難以捉摸，更何況是新手韭菜！技術分析必須非常精準、面面俱到、思慮周詳、小心謹慎，才能把勝算提高、風險降低，絕對不是你常聽到別人跟你說的：「真正的技術分析高手，只看移動平均線就夠了！」跟你這樣說的人，也是一散戶韭菜而已！

30年前也許還可以，但是在21世紀的今天，如果只想靠移動平均線1招走天下，別說「門」，連「縫」都沒有！所以，鬼叔接下來會逐一介紹移動平均線、收斂分散移動平均線、布林通道、隨機振盪指標、乖離率、能量潮（OBV）、K線型態（W底、頭肩底、M頭、頭肩頂、三角收斂、波浪理論、跳空缺口）及量價關係；K線會融合在以上各分析中同時講解，不單獨講了。

「鬼手流」金句 17

股價是主力在決定，短中期跟基本面沒有直接關係，但是海水總有一天會退！

技術分析常用指標① 移動平均線（MA）

移動平均線是依據過去一段時間，「平均成交價格」所繪製出來的一條平均線，常用的6條日K均線為：5日均線（MA 5），也稱週線；10日均線（MA 10），也稱雙週線；20日均線（MA 20），也稱月線；60日均線（MA 60，也稱季線）；120日均線（MA 120），也稱半年線；240日均線（MA 240），也稱年線。

鬼叔常用的是MA 3、MA 5、MA 10、MA 20、MA 40、MA 60，3日均線（MA 3）很重要，因為在快速變化的21世紀，要等到MA 5反應通常都太晚了，緩不濟急；MA 10則是因為強勢股的回調修正，通常只跌到MA 10就反轉。至於不在日K呈現MA 120和MA 240，是因為真的需要看，可以切到週K、月K就好。

週K鬼叔看4週線（月線）、13週線（季線）、26週線（半年線）、52週線（年線）、104週線（2年線）；月K可以設定3月線（季線）、6月線（半年線）、12月線（年線）、24月線（2年線）、60月線（5年線）。夾縫盤勢交易（價差投機者）者，可以用5分K和60分K的均線作為參考。

以2022年6月9日的智擎（4162）日K為例（圖表3-5-3），帶量（3,094張），長紅K突破MA 3、MA 5、MA 10，且收在MA 20之上（何謂帶量？如何計算量將在後面詳述量價關係）。走過一段跌幅的股票，股價上方是MA 20、MA 40、MA 60……等層層壓力線和套牢冤魂。

智擎是生技新藥類股（須搭配研發進度觀察），和電子類股不一樣，最不一樣的地方是空頭一走就是以年為單位（2015～2020年），待新藥研發、銷售到一定進度時，又會走以年為單位的多頭（2020～？），所以生技新藥類股如果等突破所有均線，或所有均線都已排列整齊往上揚才進場，會與開始的大波段失之交臂，必須在第1支帶量長紅K突破MA 5就進場。

如果應用技術分析時只著重在日K，常常會見樹不見

圖表 3-5-3 智擎（4162）日 K 線圖

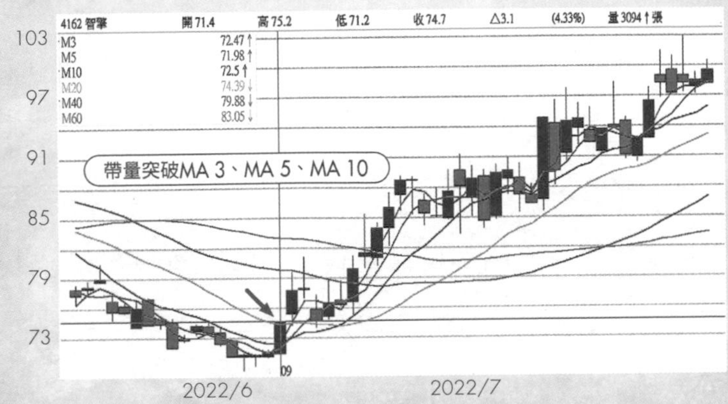

資料來源：CMoney法人投資決策系統

圖表 3-5-4 智擎（4162）週 K 線圖

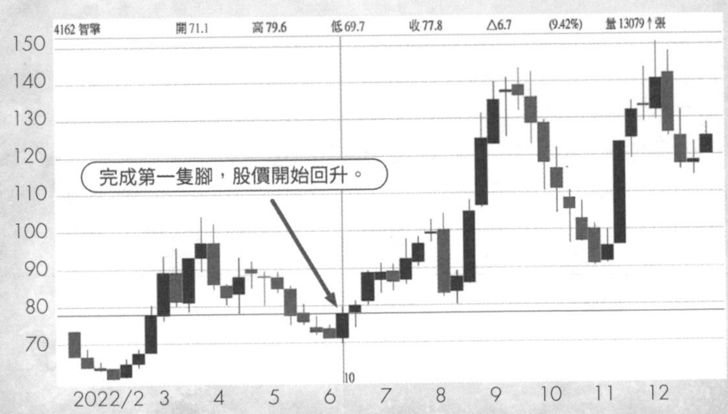

資料來源：CMoney法人投資決策系統

林，所以鬼叔建議要入手1支股票之前，均線的部分看完日K，一定還要再看一下週K和月K，圖表3-5-4智擎的週K可以看出在2022年6月6日這一週，完成第一隻腳後股價開始回升。

從智擎的月K（圖表3-5-5）則可以看到從2020年開始要走多頭之後，一路都是在走底底高的大多頭方向，此時是要用左側交易、右側交易或左右開弓，則取決於每個人的個性、實力、時間等因素而有所差異。

圖表 3-5-5 智擎（4162）月 K 線圖

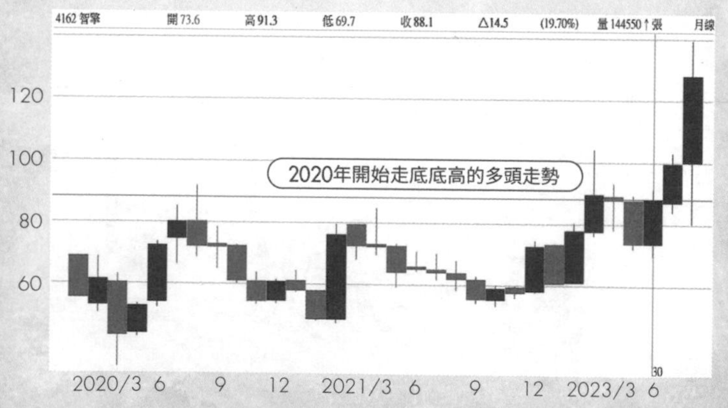

資料來源：CMoney法人投資決策系統

技術分析常用指標② 收斂分散移動平均線（MACD）

MACD延伸自移動平均線，是應用2條速度不同的MA計算兩者之間的差異值（DIF），再對差異值（DIF）的N日做一次平均值計算，就是MACD線，以下詳細說明：

快線（DIF，差異值） 將2條MA線相減（通常是用12天與26天的MA），得出的差額就是差異值（DIF），代表短線MA 12偏離長線MA 26的情形。

慢線（MACD） 計算出DIF後，再取DIF的N日的平均（一般使用9天），再做一次平均值計算，就是MACD線，代表短期與長期乖離程度的平均值。

柱狀圖（OSC） 就是將DIF、MACD兩者相減，繪成柱狀圖，呈現在線圖上，0軸以上紅柱為正值，0軸以下綠柱為負值。

一般講的MACD是整個快線、慢線、柱狀的圖，而不只是說慢線而已。MACD適合用來做一個大趨勢的判斷，只要快線和慢線都在0軸上就是「多方」勢，快線和慢線都在0軸下就是「空方」勢。

MACD的應用

① 快線DIF向上突破慢線MACD（黃金交叉），視為買進訊號。

② 快線DIF向下跌破慢線MACD（死亡交叉），視為賣出訊號。

③ 柱狀圖（OSC）由負轉正（紅柱），視為買進訊號。

④ 柱狀圖（OSC）由正轉負（綠柱），視為賣出訊號。

也可以搭配K線圖來看，與前一波高點或低點有沒有MACD背離的情況。

智擎週K圖（圖表3-5-6）可看出背離：股價過前高，但是MACD卻比前高還低，所以股價進入修正；從月K圖（圖表3-5-7）可看出：智擎這檔股票走了5～6年的大空頭之後，直到臨床試驗接近尾聲、銷售里程碑將達標，才又啟動大多頭。不過，這樣的走勢較常在新藥生技股看到，其他類股比較不常發生。

圖表 3-5-6 智擎（4162）股價與MACD背離

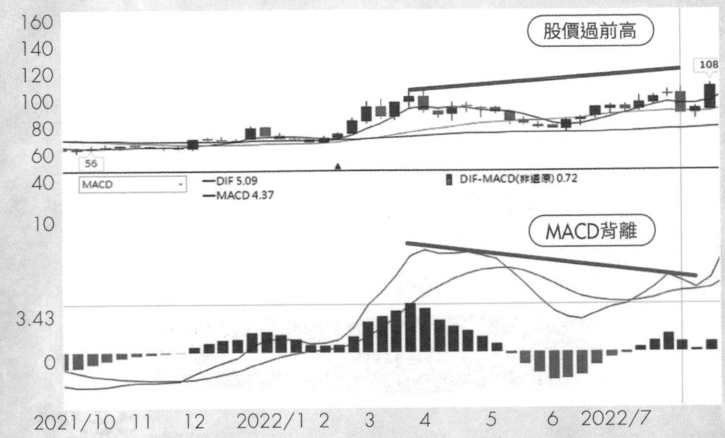

資料來源：CMoney理財寶

圖表 3-5-7 生技股容易長空後走大多頭

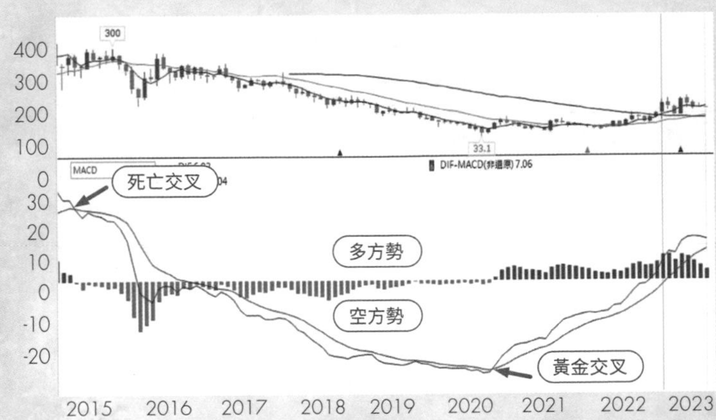

資料來源：CMoney理財寶

技術分析常用指標③ 布林通道（B-band）

布林通道也是移動平均線的延伸，移動平均線是用來判斷股價現在和未來的趨勢，而布林通道則是希望在移動平均線的趨勢下，抓出一個上下波動的範圍。

布林通道由3條線組成

①中線＝20日均線（MA 20，也稱月線）。

②上線＝中線「加」2個標準差（standard deviation，σ）。

③下線＝中線「減」2個標準差（standard deviation，σ）。

上線、中線、下線所組成的空間，則稱之為「帶寬」。

這個指標是用統計的觀念來設計，所謂的標準差就是假設股價的走向會以常態分布來呈現的話，如果我們取2倍的標準差，則股價會跳脫標準差的機率只有4.6%，也就是說有95.4%的機率，股價都是在上中下線組成的「帶寬」之中波動，當超過上線、下線太多時，95.4%的機率強漲、強跌的股都會回到線上，一般漲、跌勢則會回到線內。

圖表 3-5-8 常態分布圖

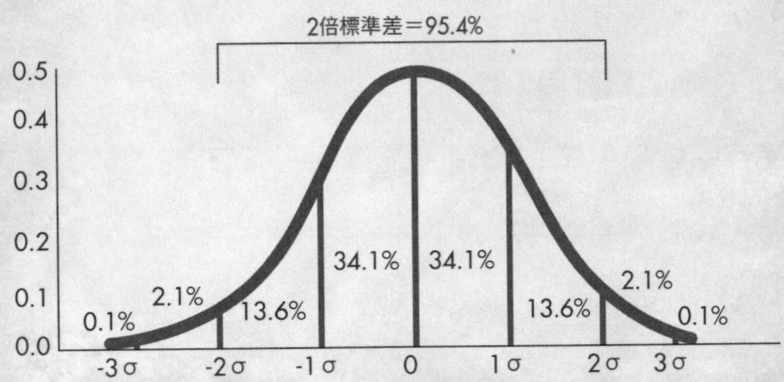

標準差的設定是依個人喜好和經驗，有的人會設定1.9倍，鬼叔則是喜歡設定為2.1倍，失之毫釐差之千里，2倍和2.1倍差了0.1，就是這個0.1可以讓你比別人快一步出手！中線也是依個人喜好和經驗，一般取MA 20為中線最準，當然也可以設為MA 40或MA 60等。布林通道在判斷股價上，應用如下：

①股價在上軌 價股在中線與上線之間，代表目前為多方勢。

②股價在下軌 價股在中線與下線之間，代表目前為空方勢。

③帶寬很窄 代表目前為橫盤走勢，標準差很小，股價波動範圍很小。

④喇叭口打開 橫盤一段時間之後，如果出現紅K帶量且中線MA 20往上翹、上線往上、下線往下，喇叭口打開代表股價將產生另一波多頭趨勢，反之亦然。帶寬越窄，喇叭口打開時就會彈得越高，就像橡皮筋拉越緊、彈越遠一樣！

⑤喇叭口收縮 天下大勢分久必合、合久必分，股價沒有一直在漲或跌的，當喇叭口收縮、中線MA 20上翹或下彎，代表趨勢即將反轉。

布林通道最好是要搭配MA、MACD、KD、K線型態及量價一起看，不然很難判斷要買入或賣出的價位在哪裡？在最後一個章節，鬼叔會以親身實戰經驗，從財報指標過濾篩選成長、翻轉股，並以綜合技術分析抓準進出時機

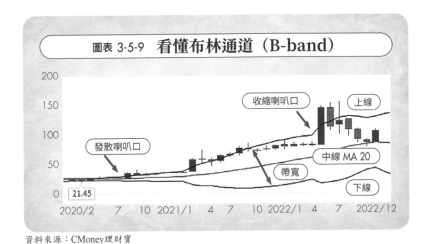

圖表 3-5-9 看懂布林通道（B-band）

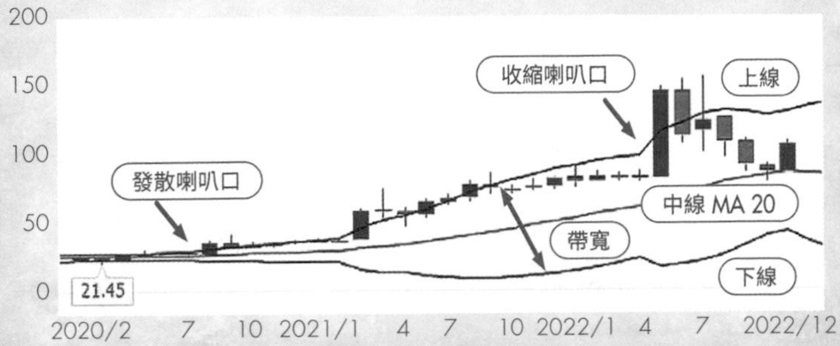

資料來源：CMoney理財寶

點，再搭配當時的心理糾結抉擇做完整的分享。

技術分析常用指標④ 隨機振盪指標（KD）

隨機振盪指標（KD）是一種快速指標，在技術分析圖上會呈現K線（又稱快線）和D線（又稱慢線）2條線代表。KD指標主要是反映價格走勢的強弱和超買、超賣現象，在短期的測試功能上，比移動平均線更好用、比強弱指數更敏感。

超買、超賣現象要看D線，反轉趨勢則要看K線向上或向下交叉穿越D線，以及可留意股價的K線漲跌幅與KD指標有無背離。

天數的部分，想要看快速一點的設5 KD，鬼叔長期觀察的經驗，比較準的還是9 KD，也有人設14 KD，這個就看個人喜好和經驗決定了。

K線和D線受原始隨機值（RSV）影響，RSV的計算以9 KD為例，就是把「當天收盤價和9天內最低價」的差值當分子，「9 天內的股價總波動（9天內最高價減最低價）」當分母，計算當天收盤價在這9天內，股價是屬於強勢或是弱勢：

RSV計算公式

RSV公式＝〔（當天收盤價－9天內最低價）÷（9天內最高價－最低價）〕×100%

這些公式看看就好，手機軟體程式裡面都有，並不需要手動算，K值、D值的算法也一樣，我們會運用就夠了！

以下來看看隨機振盪指標如何應用在投資上：

①看出超買、超賣

當D線超過80時，就是進入超買區，注意反轉；當D線低於20 時，就是進入超賣區，注意反轉訊號。

②判斷反轉趨勢

當K線由下往上穿越D線時（黃金交叉），表示新的上升趨勢可能開始，可以考慮買進；當K線由上往下穿過D線時（死亡交叉），表示新的下降趨勢可能開始，可以考慮賣出。

③股價與KD背離

背離也是趨勢反轉的訊號，當股價突破前波高點，但KD指標走勢卻低於前波高點；或當KD指標高於前波高點，但股價卻還低於前波高點，就是有背離現象，當背離發生時，代表趨勢將會反轉。

在長期上漲的大波段中，KD指標經常會在80%以上的超買高檔區徘徊（稱為KD鈍化），往往還會再向上延伸漲勢一段時間，反之亦然。

所以在大多頭時，如果只以KD指標為依據，容易錯失

圖表 3-5-10 隨機振盪指標（KD）應用

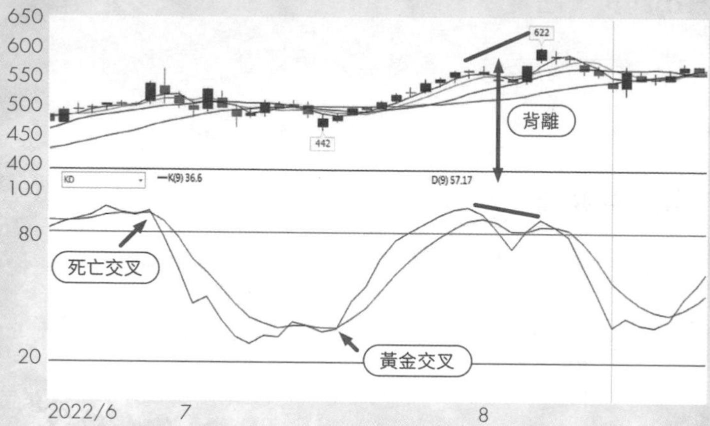

資料來源：CMoney理財寶

大行情，不管是MA、MACD、布林通道、KD……都要養成一個習慣：看過日K之後，不要忘了再看一下週K和月K，不同週期下的各項指標，都可以夠幫助你避掉「見樹不見林」的弊病！

技術分析常用指標⑤ 乖離率（BIAS）

乖離率（BIAS）也是移動平均線的延伸，一般都是會設3條MA，鬼叔的偏好是MA 5、MA 10、MA 20，其中最具參考性的還是MA 20。

有沒有發現，乖離率的MA 20和布林通道中線MA 20是一樣的？一樣都是：天下大勢分久必合、合久必分，股價最終都有往均線靠攏的趨勢，差別只在MACD你只看得到圖線，而BIAS是把具體偏離MA的百分比算出來給你看，有一個明確量化的數字。

當股價是正乖離時，先別急著買進，接下來可能會

乖離率（BIAS）計算公式

① 計算公式＝（當下的股價－移動平均價）÷移動平均價。

② 正乖離：收盤價＞移動平均價（圖表3-5-11中，股價已偏離MA 20 17.52%）。

③ 負乖離：收盤價＜移動平均價（反之亦同，若是下跌中的空頭走勢，可從BIAS知道股價偏離MA的百分比）。

圖表 3-5-11 乖離率（BIAS）應用

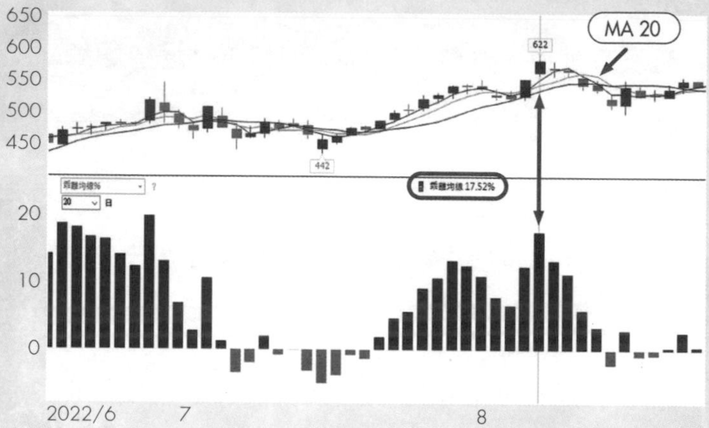

資料來源：CMoney理財寶

下跌修正；當股價呈現負乖離時，先別急著賣出，接下來可能會上漲反彈；當個股處於長期盤整或緩漲緩跌時，則BIAS通常不具參考性。

技術分析常用指標⑥ 能量潮（OBV）

能量潮（OBV）指標又叫做人氣指標，是一個看量價關係非常簡單又好用的指標。OBV是依據股價漲跌，來累

能量潮（OBV）計算公式

①股價上漲（當日收盤價＞前一日收盤價）

OBV＝前一日OBV＋當日成交量

②股價下跌（當日收盤價＜前一日收盤價）

OBV＝前一日OBV－當日成交量

積或減去成交量的值，作為預測市場趨勢變化的一個技術指標，簡單來講就是：量先價行的觀念。

在看OBV的線圖時，OBV累積的值一點都不重要，重點是要看OBV線圖的走勢與方向，OBV必須與K線圖的走勢一起搭配使用，以確定走勢是否成立。OBV一樣可以看背離——當K線圖走勢與OBV走勢呈現背離時，也是行情即將反轉的一個重要訊號。

OBV搭配K線圖的走勢分析時，會出現以下幾種可能的組合：

組合①：股價走勢往下走低

OBV向上走 代表收盤價大於昨日，這將是一段和

圖表 3-5-12 能量潮（OBV）應用

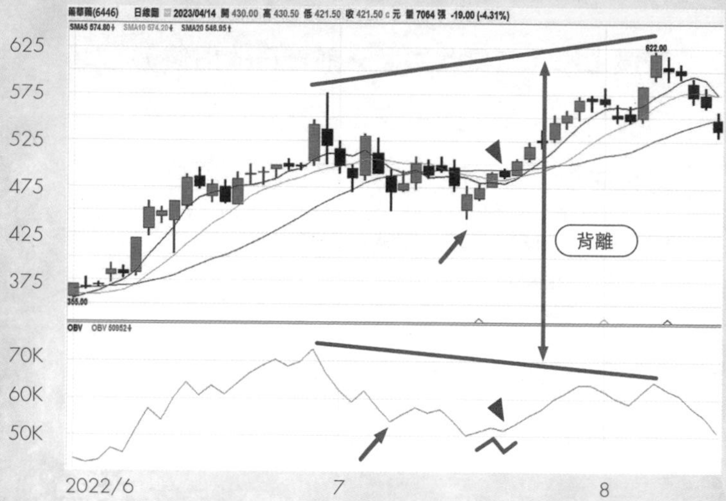

資料來源：XQ全球贏家

緩而空頭乏力的下跌走勢；若價漲伴隨大量，則是多頭醞釀反攻的訊號（圖表3-5-12箭頭處）。

OBV呈現持平 代表價平量縮，這只是一般的下跌走勢，可能止跌也可能續盤。

OBV向下走 代表收盤價小於昨日，這將會是一段強而有力的下跌；若價跌伴隨著大量，則是空頭續跌的訊號。

組合②：股價走勢呈現平盤整理

OBV向上走 代表價漲量增，主力蒐集籌碼，底部形成或即將反轉啟動新一波的上漲趨勢。

OBV呈現持平 沒有特別的訊息可資判斷。

OBV向下走 代表價跌量增，主力出脫，頭部形成或即將反轉啟動新一波的下跌趨勢。

組合③：股價走勢往上走高

OBV向上走 代表價漲量增，這將是一段強勁的上升走勢。

OBV呈現持平 代表價平量平，這只是一般普通的上升走勢。

OBV向下走 代表收盤價小於昨日，這將是一段疲軟而無力的上升走勢；若價跌但量只是縮小，可能是修正後續漲（圖表3-5-12三角形處）；若價跌伴隨大量，則是多空大戰，要小心主力出脫。

除此之外，OBV的走勢經常會呈現N字型。當OBV以N字型上升且越過N字型的高點時（圖表3-5-12中的N字），可以視之為續漲買進的訊號；而當OBV下跌超過N字型的低點時，可以視之為續跌賣出的訊號。

以上如果你看不太懂的話，鬼叔整理了口訣表格（圖表3-5-13）給你參考。

圖表 3-5-13 量價關係口訣

	底部	上升趨勢	頭部	下跌趨勢
價漲量增	反轉看漲	續漲	續漲或趕著做頭	多頭反攻
價漲量縮	短線反彈	可能回跌（多頭乏力）	可能回跌（多頭乏力）	誘多（逃命波）
價跌量增	多空大戰	多空大戰（主力出脫）	獲利賣壓	續跌
價跌量縮	無量續跌或空頭乏力	修正後續漲	惜售或會轉空	無量續跌或空頭乏力
價平量增	多頭反轉（量先價行）	會轉空（主力出脫）	多頭乏力	多頭反轉（量先價行）
價平量縮	續盤	多頭換手	可能回跌（多頭乏力）	續盤

從圖表3-5-13的口訣表格中，你已經清楚知道了量價的關係。「價」本身沒有什麼爭議，一翻兩瞪眼，漲跌沒有模糊空間；但是「量」的問題就大了，什麼叫大量？什麼叫帶量？以什麼為標準？

在以前技術指標軟體還沒有這麼普及和人性化的時候，投資人都靠自己算量，鬼叔以2022年3月3日北極星藥業（6550）的成交量5,036張舉例，因為當時北極星藥業是興櫃股尚未上市，券商是中間商，一買一賣必須折半才是當日真正的流通量：5,036÷2＝2,518張，這樣的量是多還是少？

美之所以為美，斯惡也！量之所以分多與少，是相對的！看你跟什麼比？也看你跟什麼時候比？還看你在什麼情況比？有幾個簡單的算法可以學習：成交量、量比、成交金額。

①成交量 當日成交量2,518張÷市面上流通的股票約41萬張＝0.6%；小於1%是正常量、1%～3%是溫和放量、大於3%是大量放量。

②量比 近5日成交量總和÷再往前5日成交量總和，1倍～1.5倍是正常量、1.5倍～3倍是溫和放量、大於3倍是大量放量；當日成交量大於（過去5日成交量總和÷5）的2倍，不管在盤整勢、底部、上升趨勢，都非常適合用來計算有沒有「帶量」突破底部或站穩上升趨勢線。

③成交金額 近5日成交總金額÷再往前5日成交總金額，1倍～1.5倍是正常量、1.5倍～3倍是溫和放量、大

於3倍是大量放量。以成交金額算量會比較客觀，畢竟股價10元時的北極星藥業1萬張、股價100元時的北極星藥業1萬張，兩者量雖然是一樣的，但是後者的成交總金額恐怖多了！

技術分析常用指標⑦ K線型態學

K線型態分以下幾個重點來介紹：W底、頭肩底、M頭、頭肩頂、三角收斂、波浪理論、跳空缺口。

線型應用①：W底突破

W底就是K線圖走勢打兩隻腳，一隻腳V型反轉的機率不高，且一隻腳金雞獨立也不夠穩。

兩隻腳的W底是比較常看到的底部反轉訊號，也有打三隻腳的叫三重底。鬼叔再強調一次，不要只著重在日K看K線圖走勢，這樣會「見樹不見林」！一定要養成習慣，把時間軸拉長來看，常常都是看到週K、月K的變化，才能讓你恍然大悟。

W底的特別之處在於：第二隻腳的股價通常比第一隻

腳高，也就是不會破前低，如果第二隻腳的股價比第一隻腳低，通常就會變頭肩底。

如圖表3-5-14，第一隻腳最低價46.35元，頸線52.3元，第二隻腳最低價46.5元，沒有破前低，股價上漲越過頸線之後，通常都會再漲第一隻腳最低價到頸線1倍的幅度，也就是（52.3－46.35）＋52.3＝58.25元，有沒有很神奇？

圖表 3-5-14 **W底線型應用**

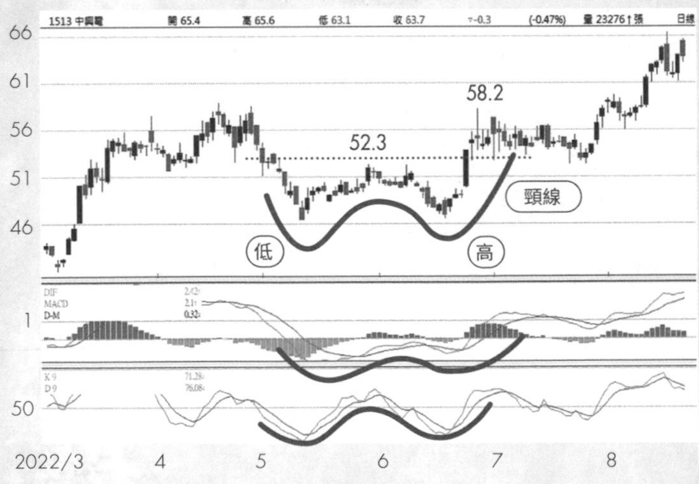

資料來源：CMoney法人投資決策系統

其實一點也不神奇，這是百裡挑一的線圖，連MACD和KD都呈現W底真的很少，漲越頸線之後（主力騙線）就回跌的太多了！這種線圖都是事後諸葛的馬後炮，所以技術派的人會被人稱為「線仙」，也不是沒有原因的！尤其是上升趨勢中的W底，通常都會反轉成M頭，套死一堆人！

線型應用②：頭肩底突破

有些技術派系認為上漲趨勢中的頭肩底，並不是真正

頭肩底特徵

①左肩、頭部、右肩形成時，都會放量。

②左肩、右肩形成後的上漲，一開始都量縮居多；而頭部形成後的上漲通常也會放量，因為已築底成功。

③右頸通常低於左頸。

④右肩形成上漲突破頸線後，通常會再「回首」確認一次頸線，才會再往上漲一個大波段，這個大波段通常也是頭部最低價到頸線的1倍，即（131.5－86.1）＋131.5＝176.9元（圖表3-5-15）。

的頭肩底；有些派系則認為不管是在上漲或下降趨勢中的頭肩底，都是頭肩底。

圖表3-5-15的北極星藥業（6550），就是一個在上漲趨勢中的頭肩底，還是進行式的頭肩底。對鬼叔來說，不管是什麼趨勢中的頭肩底都不重要，因為生技新藥業能不能成功突破頸線，跟K線型態沒有因果關係，只和解盲成功

圖表 3-5-15 **頭肩底線型應用**

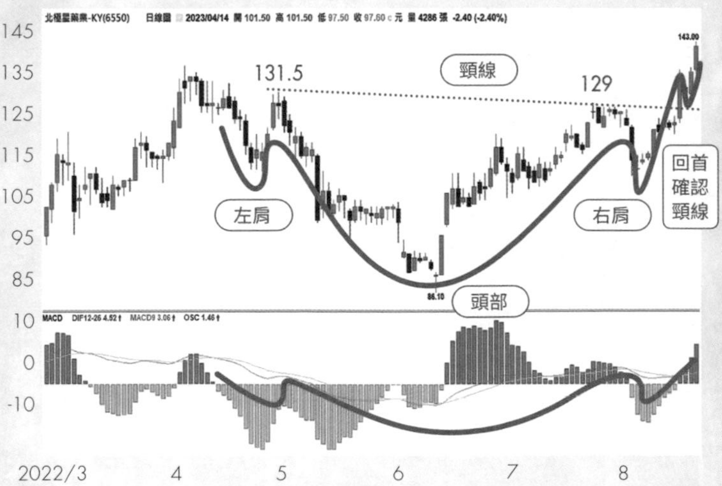

資料來源：XQ全球贏家

與否有關，只要解盲成功就是頭肩底，解盲失敗就是集體造業的呈現！

線型應用③：M頭下跌

M頭是在上漲波段中的高點形成，通常是由2個高點和1個低點組成；左峰通常高過右峰（右峰難以突破左峰的前高），且伴隨成交量變小。

有些技術分析派會告訴你，右峰高過左峰也算是M頭，基本上講這句話就是事後諸葛的馬後炮，因為只有第二峰邁不過前高（第一峰），跌破頸線的機率才很大；而當第二峰高過第一峰的時候，比較像是要走底底高或頭肩頂的上漲格局，只有神才知道第二峰高過第一峰，之後又會跌破頸線變M頭。

當跌破頸線時，理論上當停損，但是現在騙線的主力越來越多了，要在股市上賺到大錢不容易，圖表3-5-16就是經典的浩鼎（4174）乳癌新藥OBI-822解盲失敗的週線，套死了多少英雄好漢，荒謬的是其中竟然不乏技術分析高手！M頭的跌幅通常也是接近頭部到頸線的1倍，即528－（755－528）＝301元。所以鬼叔才強調心理面，沒有相

圖表 3-5-16 M頭線型應用

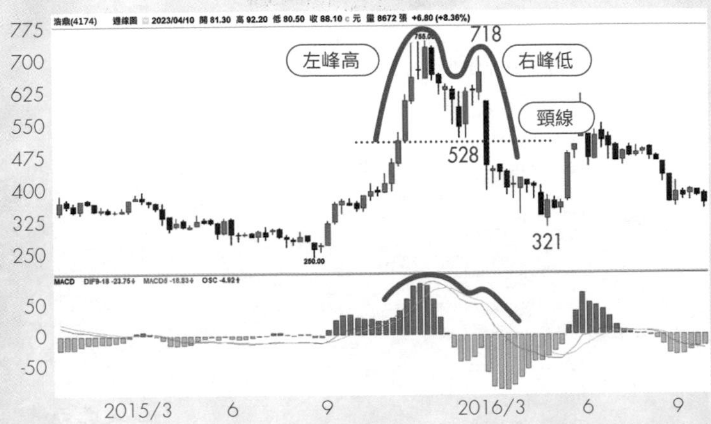

資料來源：XQ全球贏家

信、發心、修心馭心、知己，其他「知彼」面向你懂再多也是枉然。

線型應用④：頭肩頂下跌

頭肩頂和W底、M頭、頭肩底一樣，都是在重大明顯多空趨勢時型態才有意義，在盤整時，千萬不要牽強附會。

遇頭肩頂型態時，投資人應該出脫持股的時機點：①跌破上升趨勢線是第1個賣出訊號；②跌破頸線是第2個賣出訊號。

頭肩頂特徵

① 上漲形成左肩時通常都會放量；形成頭部時，放量或量縮五五波。

② 右肩形成時，量通常比左肩和頭部小，所以股價再也上不去。

③ 右肩和右頸通常都低於左肩和左頸。

圖表 3-5-17 頭肩頂線型應用

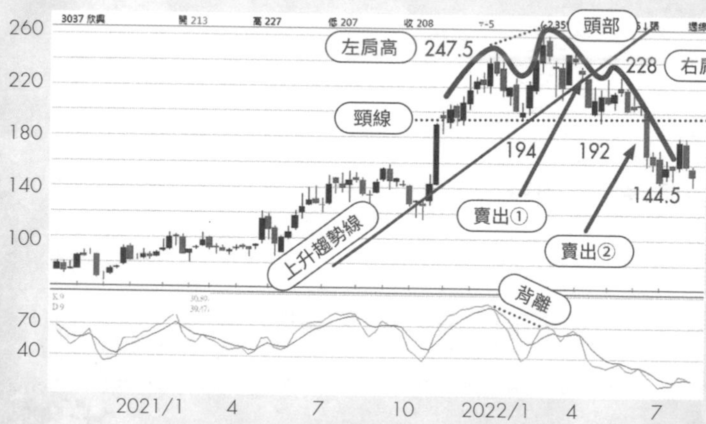

資料來源：CMoney法人投資決策系統

頭肩頂型態，在頭部形成時通常都會伴隨MACD背離或KD背離，或者是兩者都背離，但是不建議在背離時就全部出脫，因為如果是走底底高的局勢，你就被洗出去了，頭肩頂的跌幅，通常也是頭部最高價到頸線的1倍，即192－（261－192）＝123元。

線型應用⑤：三角收斂、箱型整理

收斂、盤整都是一樣的意思，原則上多數時間，大多數個股都是在收斂、盤整，這是最磨人耐心的。當然，在盤

圖表 3-5-18 收斂盤整線型應用

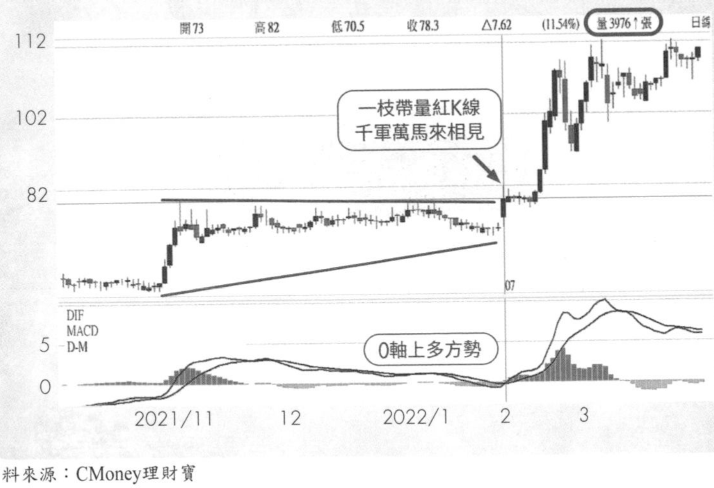

資料來源：CMoney理財寶

整勢你可以選擇5分K或60分K，以布林通道做價差或當沖打發時間。收斂、盤整勢都是在上升和下降趨勢線中間來回整理，型態上可能是三角形、旗形或箱形，最大的特徵是：①沒有量；②移動平均線糾結；③布林通道帶寬壓縮窄小。

直到有1根紅K帶量向上穿破區間表態，也就是「1支帶量紅K線，千軍萬馬來相見」，才會開始另一波趨勢。當然，若是1根黑K帶量向下穿破區間的反向亦同。

線型應用⑥：波浪理論

一個大的波浪漲幅都是1,000%起跳，在股市要遇到1次完整的波浪，真的是可遇不可求！每一個多頭上漲趨勢或空頭下跌趨勢的波浪，都有完整的8個波浪，分別是由

波浪的組成

① **5個推動波**：波浪1、3、5是上升波，波浪2、4是回調波。

② **3個修正波**：波浪A、C是主要的修正波，波浪B則是反彈波。

1～5的5個推動波（Impulse Waves）和A～C的3個修正波（Corrective Waves）所組成。

波浪① 通常波浪的型態都不會太明顯，以至於常常被投資人忽略，等你發現的時候，已經漲了200%～300%！如圖表3-5-19長榮（2603），從2020年12月的10幾元、20幾元，不知不覺漲到45.5元。

波浪② 是波浪①的回調走勢，但是不能跌破波浪①的起點，否則波浪理論就不成立，跌幅通常在波浪①最高點的黃金分割率0.618之內，如圖表3-5-19，45.5元跌到30

圖表 3-5-19 波浪線型應用

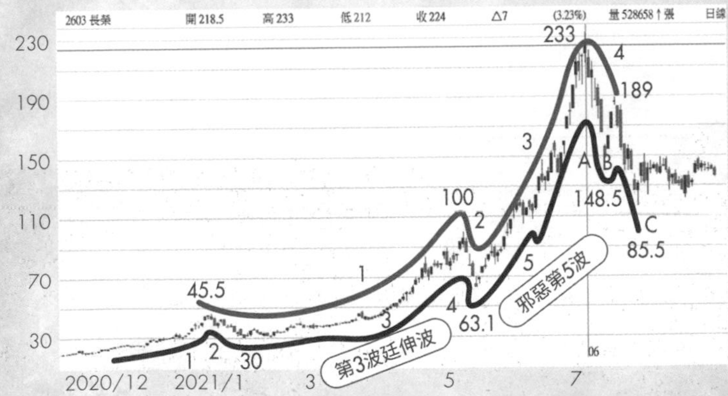

資料來源：CMoney理財寶

元，跌幅在28元（45.5×0.618）之內。

波浪③ 通常是波浪中時間最長的階段，且會有延伸波，成交量也會放大很多，價格變動通常會超越波浪①最高價的200%以上，如圖表3-5-19，2021年1月中到2021年5月中，為時4個月價格從45.5元漲到100元！

波浪④ 類似波浪②的回調，回調幅度在黃金分割率0.618之內永遠都有參考價值，如圖表3-5-19，回調幅度63.1元在61.8元（100×0.618）之內；最低價不能低於波浪①的最高價（45.5元）。

波浪⑤ 常被稱為「邪惡第5波」，也可能會像波浪③一樣有延伸波，浪幅通常比波浪③還要高很多，在200%之上，如圖表3-5-19中從100元漲到233元，最後一波漲

「鬼手流」金句 18

看時勢早別人一步是先知，

買股票早別人一步卻會變先烈，常常會買在高點；

買股票快別人半步才會變先驅，永遠不要高估其他投資人的智慧！

幅，市場情緒高昂達到巔峰，投資人的情緒很容易被感染，接著反轉往下的速度會非常快，主力也常常會在這裡騙線！

波浪A 走完波浪⑤後，即使是非常有經驗的投資人，都會被主力騙線而認為下跌只是又一次暫時的休整，所以在波浪A的成交量也會很大，修正幅度黃金分割率0.618一樣有參考價值。如圖表3-5-19，A波修正幅度148.5元在144元（233×0.618）之內。在這裡鬼叔建議遵循右側交易的鐵則，跌破MA 10要毫不猶豫地出脫。

波浪B 從波浪⑤下跌到黃金分割率0.618左右，通常會有止跌反彈的現象（這是人性！）而形成波浪B，但是反彈的幅度通常是在黃金分割率0.236～0.382之間，如圖表3-5-19，波浪B出現148.5～189元（27.3%）的彈幅！

波浪C 投資人通常都是看到波浪B的波峰與波浪⑤的波峰呈現M頭之後，才意識到已經進入熊市！波浪C的跌幅通常和波浪A差不多，在黃金分割率0.5～0.618之間，如圖表3-5-19，波浪C跌幅85.5～189元（54.76%）。

圖表3-5-19畫了2條波浪線，如前文所言，因為波浪①的型態不會太明顯，容易被投資人忽略，上方淺色波浪線就

是長榮套死一堆投資人的原因——波浪數錯了，以為是出現波浪④的回調走勢！不止是菜鳥韭菜，很多資深投資人都還在傻傻地等「邪惡第5波」，甚至一直等到他們認為的波浪④跌幅跌破波浪①的波峰100元，才承認錯誤出場。

鬼叔也沒有多厲害，也是等到波浪B的波峰與波浪⑤的波峰呈現M頭，且跌破頸線148.5元後，才心有不甘悻悻然地在120.5元停利出場（成本70幾元）。善泳者溺，千萬不要小看人類的頑固，越是內行的跟斗可能栽得越大，所以心理面為什麼如此重要的原因也在這裡！

線型應用⑦：跳空缺口

跳空缺口是K線圖中一段沒有交易價格的區間，有4種缺口必須搞清楚：

①突破型缺口 盤整一段時間後，突然向上或向下「爆量」跳空，且3～5日內沒有填補，則為上漲或下跌趨勢成立。

②跳躍型缺口 在上升或下降趨勢中，連續跳空前進者，若成交量跟著放大，通常不會填補，這種都是在大利多或大利空下才會看到，如新藥解盲成功或失敗。

簡單辨別缺口的技巧

一般的缺口都會在3～5日內填補：

①缺口越大越好，最好突破壓力線（做多）或跌破支撐線（做空）。

②成交量也要伴隨放大，沒帶量的一般單跳空缺口，多為誘多，必定填補。

圖表 3-5-20 缺口線型應用

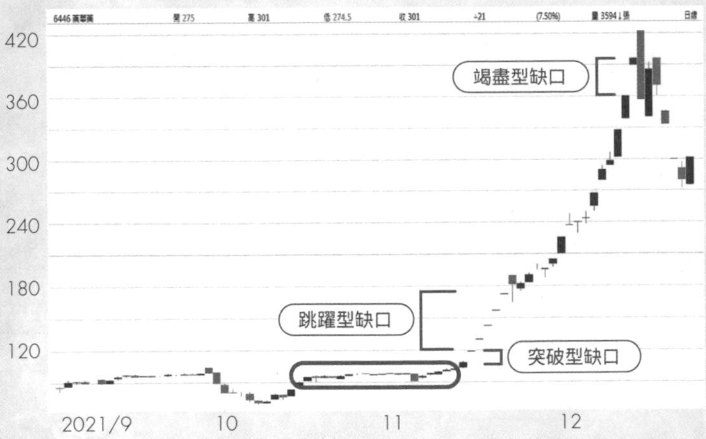

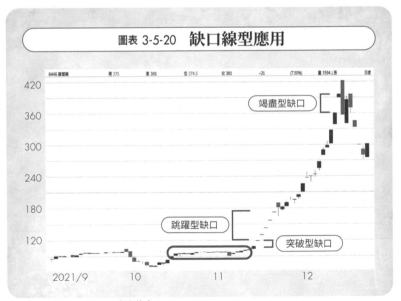

資料來源：CMoney法人投資決策系統

③竭盡型缺口 出現在市場行情接近尾聲時，通常代表趨勢即將反轉，需配合其他指標。

④除權配息、減資的缺口 非交易行為產生的缺口，不具預測未來趨勢的意義。

種類這麼廣泛的技術分析，其實它們的精髓和目標也就是《計然七策》中的策②、策③和策④而已！再來複習一下，策②：「貴上極則反賤，賤下極則反貴。」即使是業績最優良、最有投資價值的個股，當漲到一定程度時，必定會跌下來；相反地，跌到一定程度時就會反彈，這是最簡單的物極必反的市場規律。

策③：「賤買貴賣，加速週轉。」價格低廉時買進，價格高貴時賣出，最重要的是要想辦法讓資金像急流的水一樣快速週轉；策④：「貴出如糞土，賤取如珠玉。」漲到一定程度時，要能當機立斷，把股票看成大便一樣，盡快地拋出；反之，當跌深的時候，要把股票看成像珠寶一樣，盡可能地買進。

Note

3-6

「知彼」系列⑤ 籌碼面

自製籌碼追蹤表 精準預判、洞燭先機

虛虛實實的籌碼，就像穿了束褲的臀部一樣，很多是故意做出來給你看的，想了解一支股票主力動態，集保戶股權分散表的籌碼最可靠，下載資料，就可自製 Excel 追蹤檔。

籌碼面像「臀部」，最緊實可靠！就像世俗的觀念認為臀部越大越能生養一樣，股票市場上也認為籌碼掌握得越精準，投資越能賺錢下蛋！有些人投資一檔股票，不僅每天盤後看三大法人進出、券資比、八大官股動態、借券數量、衍生性金融商名避險買賣盤，週末還要整理集保戶股權分散表……

更用心的投資人還整理每日各分點的買賣紀錄，下載分類蒐集並長期追蹤，但是主力大戶也不是笨蛋，他們通常都有很多人頭帳戶，也可以把股票轉到不同分點後再賣出，讓你無跡可尋。

所以有時候，這些虛虛實實的籌碼，就像穿了束褲的臀部一樣，都是故意做出來給你看的！

很多軟體App都有提供個股大戶、散戶的比例供投資人參考，如籌碼大股東、主力狙擊手等，但是到目前為止，鬼叔還是習慣在每週六凌晨4點後，用以身分證（統編）為主的集保戶股權分散表（可到「臺灣集中保管結算所」網站下載資料）自製Excel表格。

如此一來，可以一目瞭然地清楚看出每週（上週五至當週四）籌碼變化，甚至還可以一直對比1個月、3個月、半年、1年……的籌碼變化。

「鬼手流」金句 19

在主力下車之前，都來得及跳車，注意，是跳下來，不是跳上去！

2 步驟 自製個股籌碼追蹤表

即使大戶有很多人頭帳戶，集保戶股權分散表的籌碼還是最可靠！以下就提供初學者如何從集保戶股權分散表中，下載個股資料至Excel表格自製籌碼追蹤表的方法。

步驟①：抓取個股資料

在Google輸入「集保戶股權分散表」關鍵字，點選第一個搜尋結果，進入「臺灣集中保管結算所」頁面，輸入想查詢的個股代號，鬼叔以北極星藥業（6550）為例（圖表3-6-1），將查詢後的資料複製至Excel檔。

圖表 3-6-1 集保戶股權分散表查詢、複製

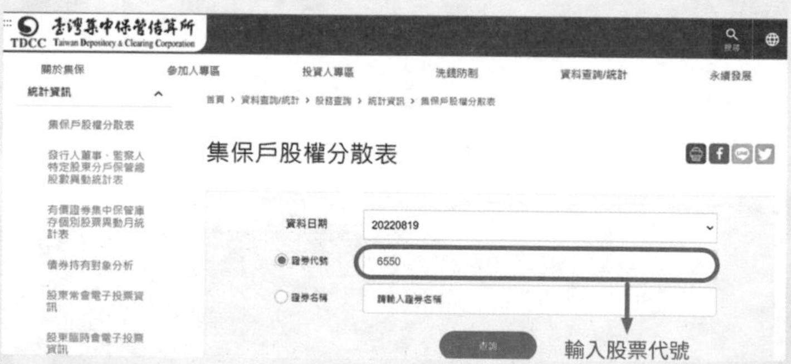

步驟②：製作Excel檔

在Excel表格中分別於fx欄中下命令字元：當週減上週的人數增減、股數增減、持股（%）增減，即可精確地計算出以身分證（統編）為主的個股集保戶股權變化。要注意的是，集保戶股權分散表只提供1年的個股籌碼資料，所以打算長期投資某一支股票的投資人，請務必存檔。

圖表 3-6-2 集保戶股權分散表 Excel 製作

C3 fx =B3-H3

	A	B	C	D	E	F	G	H	I	J
1	6550北極星	20220819	與上週差異	20220819	與上週差異	20220819	與上週差異	20220812	20220812	20220812
2	持股/單位數分級	人　數	人數增減	股數/單位數	股數增減	（%）	（%）增減	人　數	股數/單位數	（%）
3	1-999	2,244	51	472,998	1,053	0.06	0.00	2,193	471,945	0.06
4	1,000-5,000	10,123	204	20,152,590	143,585	2.71	0.02	9,919	20,009,005	2.69
5	5,001-10,000	1,811	21	14,089,149	147,801	1.89	0.01	1,790	13,941,348	1.88
6	10,001-15,000	740	1	9,444,196	-8,882	1.27	0.00	739	9,453,078	1.27
7	15,001-20,000	524	0	9,491,155	-13,353	1.27	-0.01	524	9,504,508	1.28
8	20,001-30,000	557	-10	14,141,482	-247,207	1.9	-0.04	567	14,388,689	1.94
9	30,001-40,000	302	11	10,693,936	416,749	1.44	0.06	291	10,277,187	1.38
10	40,001-50,000	211	-1	9,552,367	-18,945	1.28	-0.01	212	9,571,312	1.29
11	50,001-100,000	468	5	33,670,043	458,648	4.54	0.07	463	33,211,395	4.47
12	100,001-200,000	224	-4	31,691,495	-676,047	4.27	-0.09	228	32,367,542	4.36
13	200,001-400,000	116	2	31,663,891	573,857	4.26	0.07	114	31,090,034	4.19
14	400,001-600,000	20	-1	9,389,987	-450,218	1.26	-0.06	21	9,840,205	1.32
15	600,001-800,000	12	2	8,277,756	1,262,674	1.11	0.17	10	7,015,082	0.94
16	800,001-1,000,000	5	-3	4,516,764	-2,653,360	0.6	-0.36	8	7,170,124	0.96
17	1,000,001以上	31	2	534,316,488	1,084,686	72.05	0.15	29	533,231,802	71.9
18	合　計	17,388	280	741,564,297	21,041	100	0.00	17,108	741,543,256	100

C3 fx =B3-H3 ← 命令字元：當週減上週

	A	B	C
1	6550北極星	20220819	與上週差
2	持股/單位數分級	人　數	人數增
3	1-999	2,244	51
4	1,000-5,000	10,123	204
5	5,001-10,000	1,811	21
6	10,001-15,000	740	1

製作櫃買股票「注意及處置股」追蹤表

台灣股市有太多公權力介入，並不是一個完整的自由市場機制，包括漲跌幅限制、注意及處置等，美其名曰是要保護投資人，其實就是養成了一堆「媽寶」投資人；一檔個股如果落入處置，有時候是天堂，有時候是地獄，端看主力要如何運作。

懂法規的投資人可以預先知道何時會被處置，及早進出以因應被處置後的局勢，雖然市面上也有「處置王」之類的App，但是也沒有辦法事先詳細計算出明天漲或跌到多少價位會被處置。鬼叔直接跟你說重點，因為法規內容保證讓你看到腦充血。

原則上你只要到櫃買中心的官網上，就可以查到個股已經被公告達到注意標準幾次，但是你沒有辦法預估明天的價位到多少會被處置，這個在後面的Excel附圖會教你如何計算。

以下先了解上櫃個股會被處置的重點：①連續3個營業日達到注意股標準（第一款）；②連續5個營業日達到注意

股標準（第一到第八款）；③10個營業日裡，有6個營業日達到注意股標準（第一到第八款）；④30個營業日裡，有12個營業日達到注意股標準（第一到第八款）。其中，第一款到第八款才會累計，其他款項不會累計（看看就好的意思）。

個股處置的影響

① 30天內第1次處置

處置期間為10天，單筆超過10張或多筆累積超過30張就要預收券款；人工管制撮合，每5分鐘人工撮合一次（全額交割股為10分鐘人工撮合一次）。

② 30天內第2次（含）以上處置

處置期間仍維持10天，但全面採行預收券款；人工管制撮合，撮合時間拉長至每20分鐘人工撮合一次。

計算達到注意股標準之前，還是得先了解法規，以下是鬼叔為你整理最常發生的第一款到第四款的濃縮精華。

①最近6個營業日（含當日）累積收盤價漲跌百分比超過30%（第一款）。

②最近6個營業日（含當日）累積收盤價漲跌百分比超過23%，或起、迄2個營業日的收盤價，價差達40元以上（第一款）。

③最近30個營業日（含當日）起、迄2個營業日收盤價，漲跌百分比超過100%（第二款）。

④最近60個營業日（含當日）起、迄2個營業日收盤價，漲跌百分比超過140%（第二款）。

⑤最近90個營業日（含當日）起、迄2個營業日收盤價，漲跌百分比超過160%（第二款）。

⑥最近6個營業日累積收盤價漲幅超過27%，且當日成交量超過最近60日平均成交量5倍（第三款）。

⑦最近6個營業日累積收盤價漲幅超過27%，且當日週轉率超過5%（第四款）。

⑧最近6個營業日累積週轉率超過80%，且當日週轉率超過5%（第十款），第十款不會累計，看看就好。

圖表 3-6-3 櫃買達注意股標準預算

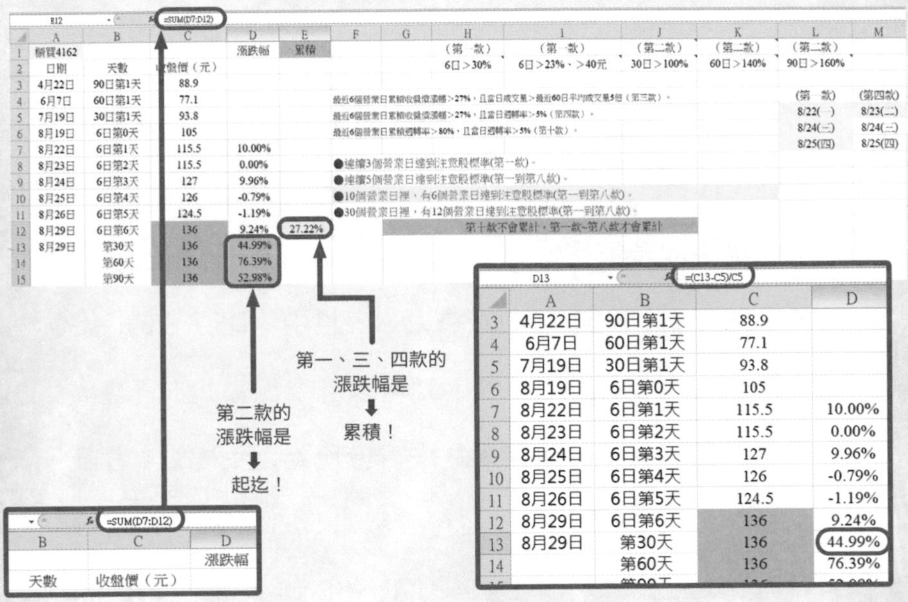

知道了這些法規紅線的比例限制要求，你就可以用Excel製表追蹤，鬼叔用智擎（4162）為例介紹（圖表3-6-3）。

智擎在2022年8月22日～8月25日連續4天，分別達到第一款及第四款4次，因為第一款沒有連續3個營業日達到注意股標準，所以2022年8月26日（星期五）當天要注意，是否連續5個營業日達到注意股標準（第一到第八款），如果你事先懂得預算，就可以知道8月26日當天若收紅盤，就是主力希望進入處置。

結果當天收跌在124.5元，這就是主力在躲避被處置的規範，代表智擎這一波的主力不希望被處置。

表格中的預算是計算2022年8月29日（星期一），如果收漲停到136元，可以在Excel表格中「D12」的fx設定「＝SUM（D7:D12）」，就可以計算出最近6個營業日（含當日）累積的收盤價漲跌百分比為27.22%；當日成交量為17,825張，智擎發行股數為145,686張，當日週轉率為12.23%（17,825÷145,686），觸犯第四款「最近6個營業日累積收盤價漲幅大於27%，且當日週轉率大於5%」。

接下來的8月30日～9月2日4個營業日，只要再觸犯第一款到第八款1次，就會落入「10個營業日裡，有6個營業日達到注意股標準」，所幸8月29日收盤價125.5元，被處置風險解除了！懂得法規並知道如何計算，也是另一種知識份子的「春江水暖鴨先知」！

製作上市股票「注意及處置股」追蹤表

上市和上櫃的標準有一點不一樣，如果你想要了解法規的細項條文，一樣可以上網搜尋，上市個股會被處置的重點整理與上櫃一樣，但是計算達到注意股標準的比例有一些不同，以下是鬼叔為你整理最常發生的第一款到第四款濃縮精華。

①最近6個營業日（含當日）累積收盤價漲跌百分比超過32%（第一款）。

②最近6個營業日（含當日）累積收盤價漲跌百分比超過25%，或起、迄2個營業日收盤價，價差達50元以上（第一款）。

③最近30個營業日（含當日）起、迄2個營業日收盤價，漲跌百分比超過100%（第二款）。

④最近60個營業日（含當日）起、迄2個營業日收盤價，漲跌百分比超過130%（第二款）。

⑤最近90個營業日（含當日）起、迄2個營業日收盤價，漲跌百分比超過160%（第二款）。

⑥最近6個營業日累積收盤價漲幅超過25%，且當日成交量超過最近60日的平均成交量5倍（第三款）。

⑦最近6個營業日累積收盤價漲幅超過25%，且當日週轉率超過10%（第四款）。

⑧最近6個營業日累積週轉率超過50%，且當日週轉率超過10%（第十款），第十款不會累計，可以看看就好。

一樣用Excel製表追蹤，以下以北極星藥業（6550）為例介紹。

圖表 3-6-4 上市達注意股標準預算

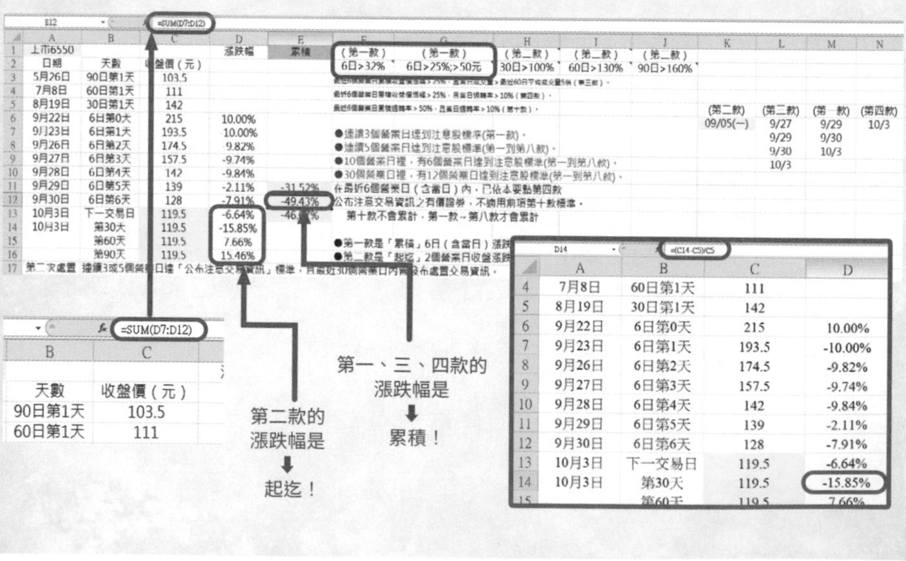

北極星藥業在2022年9月29日、9月30日連續2次吃到第一款黃牌，10月3日當天，除非收盤漲到138元，才不會連續3天達到注意股標準的第一款。所以，如果你事先懂得預算，就可以預測主力是想要收紅盤至138元，不要觸犯處置標準，還是主力想要進入處置讓當沖降溫，讓股價不要再崩跌！

計算過程中要注意的是，第一、三、四款中所說：「最近6個營業日（含當日）累積收盤價漲跌」，是累積6天的漲跌幅。

以2022年9月30日為例，可以在Excel表格中「E12」的fx設定「＝SUM（D7:D12）」，就可以計算出最近6個營業日（含當日）累積的收盤價漲幅百分比為46.43%（大於32%），所以吃了第二張注意黃牌。

又以10月3日為例，可以在Excel表格中「E13」的fx設定「＝SUM（D8:D13」，就可以計算出最近6個營業日（含當日）累積收盤價漲幅百分比為46.07%（大於32%），所以北極星藥業吃了第三張注意黃牌，因此進入處置。

以10月3日為例，如果是要計算第二款的話，可以在Excel表格中「D14」的fx設定「＝（C14－C5）/C5」，就可以計算出最近30個營業日（含當日）起、迄2個營業日收盤價漲幅百分比為-15.85%（沒有超過-100%），所以沒有觸犯第二款。

投資人計算的數字常常與證交所有出入，大多是因為沒有把「累積」和「起、迄」這2組中文的含義搞懂，用「起、迄」公式來算第一款的「累積」，是錯誤的！

Note

第4章

富。商。指。數。

智商、情商、財商兼備

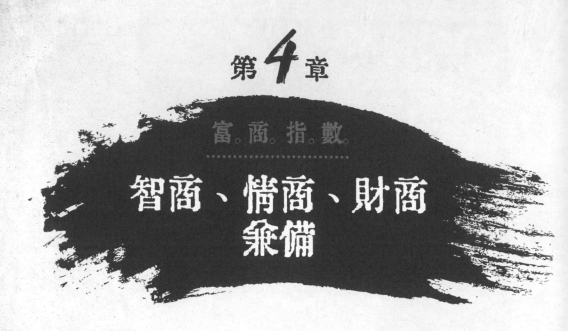

第1章鬼叔談相信——發心、修心馭心，第2章講知己，第3章論知彼，這第4章就是綜合所有的「鬼手流」理論，再搭配《鬼道》致富App的大數據選股、操作邏輯示範，做進一步講解，如何靠實戰快速積累自己的富商指數，達到財務自由的「人富」境界後，才能有錢又有閒地圓滿當初的發心（立志）。

富商指數是智商（IQ）、情商（EQ）和財商（FQ）的總和，富商必須是「覺明」的，而覺明包含了：聰明（智商）、性明（情商）和精明（財商），富商追求的不僅僅是財務富足，還有心靈的富足。稻盛和夫曾說，人一生追求的莫過於，當離開時，靈魂的層次比來時還要更高尚一些。心靈要富足，唯有利他助人！

如果只是擁有絕高的智商，在投資市場上不一定能賺到錢。絕高智商、投資卻慘賠，最具代表性的人物當屬偉大的科學家——牛頓（Isaac Newton），在這裡我們不談南海

4-0-1 高智商投資失利的教訓

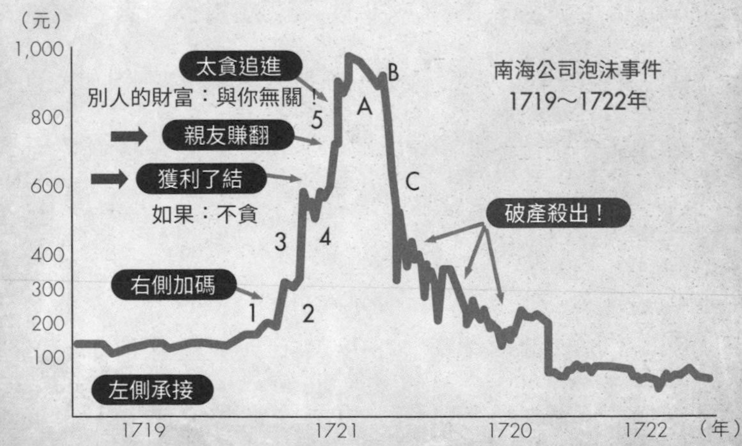

資料來源：鬼手易生

公司官商勾結，把國債和轉換權炒熱割韭菜的細節，只討論「接盤俠」內心的貪婪與掙扎。

從南海事件的技術線圖（圖表 4-0-1）可以清楚看出，就是一個完整的波浪，在這次割韭菜事件中，散戶投資人最具代表性的就是牛頓。牛頓其實早在南海事件前幾年，就已經持有南海公司的股票，在股票開始漲（波浪①）的時候，牛頓也有加碼買進，然後在波浪⑤的起始處，就選擇獲利了結！

到這裡為止，其實牛頓表演了一次堪稱完美的交易：「低檔左側承接、反轉右側加碼、高檔獲利了結。」但是，問題就出在牛頓當時不認識鬼叔，還沒聽過大貪、不貪理論！因為沒有修心、不懂馭心，獲利了結後的牛頓，看到親友們都還沒有賣出，還在大賺特賺，終於還是控制不了羨慕、嫉妒和貪婪，在接近波浪⑤的末端，再次進場——這是太貪！

進場之後股價豬羊變色，反轉進入下跌 3 浪，因為沒有勇氣停損、認為只是調節，沒有在波浪 B 逃命，最後在波浪 C 認賠殺出！

經過這次的失敗之後，牛頓說了一句名言：「我可以計算出天體運行的軌跡，卻計算不出人心的瘋狂。」就是這句話讓鬼叔不怎麼看得起牛頓在投資方面的心態！這哪是什麼計算不出人心的瘋狂？這根本就是不願承認自己內心的貪婪與愚蠢吧！可想而知，牛頓在處理金錢相關的情商沒有很高明。

低情商投機者 變恐怖情人

在股市裡我們常常看到很多「恐怖情人」，這類型的人其實就是情商很差的價差投機者，他們不會花心思好好研究一檔個股的產業價值面向、也不懂技術分析，當好運買到1檔嚴重被低估的股票時，只要稍微漲一些他們就「小貪」賣出了。

然後一直等著跌回再低價買進，股價如果真跌回，他們會覺得自己比股神還厲害！股價如果沒有按照他們的預期回跌，小幅調節之後再次上漲突破前高，他們會拒絕相信、開始唱衰、一路唱衰，最後變成負能量滿載的恐怖情人。

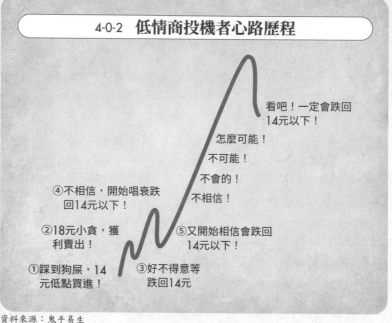

4-0-2 低情商投機者心路歷程

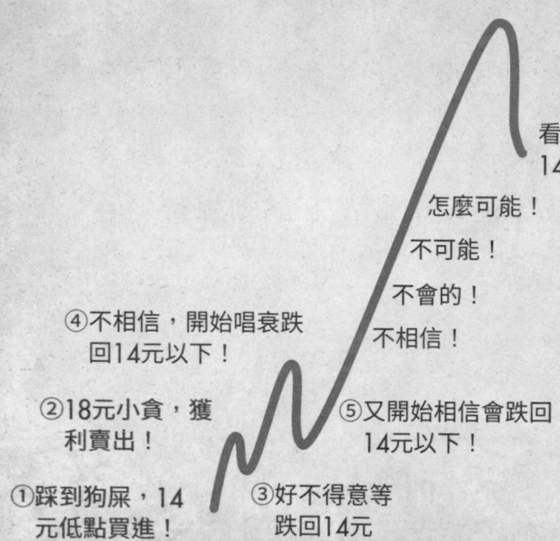
看吧！一定會跌回
14元以下！
怎麼可能！
不可能！
不會的！
不相信！
④不相信，開始唱衰跌
回14元以下！
②18元小賺，獲
利賣出！
⑤又開始相信會跌回
14元以下！
①踩到狗屎，14
元低點買進！
③好不得意等
跌回14元

資料來源：鬼手易生

財商基本常識 投資人不可不知

不僅止投資人，只要有財務需求的人都應該具備財商的基本常識。財商把人分類在 4 個象限，財務自由與幸福並非正相關，這裡還是要強調，財商 4 象限不管在哪一個象限，只要欲望不高、有一顆樂於助人的心，幸福指數都可以很高，也都可以達到「人富」的境界！

資料整理：鬼手易生

E 象限：須為錢工作

大概占工作人口的60%，下至員工上班族、上至高階主管、軍公教等，只要你領薪資收入、上面有老闆，都是E象限的「窮人」！

E 象限的人必須付出勞力和時間成本，為生存而工作、不工作就沒有收入，時間和生活不是自己能決定的，甚至貴為醫院院長、政府高官、白領高階主管等級的人，即使領十幾萬到幾十萬元固定月薪，依然是「窮人」，只是高級一點的「窮人」而已，他們是沒有辦法因為收入較高而達到財務自由的！

這些人因為社會身份地位高，往來無白丁，必須配備豪宅、名車、子女貴族學校……生活上的欲求必然跟著提高，就必須貸款為銀行工作；高薪收入就會有高稅負，得為政府工作、為老闆工作，直到退休後失去了舞台，才發現人生沒有為自己活過。

S 象限：時間被綁死

大概占工作人口的 30%，包括經營小店的小老闆、有提成分紅的專業人士，以及醫師、律師、會計師、工程師等師字輩的執行業務所得者，都是 S 象限的「人窮」！

為什麼叫「人窮」呢？因為這類人在財務上比 E 象限相對充裕，但是時間被店面和工作綁死了，即使下班也會把工作帶回家，有命賺沒命花！尤其是醫師，開了診所之後，收入比在醫院服務時 3 級跳，有開業醫師形容診所門一打開，錢就匡當匡當滾進來，因為在醫院服務時賺太少，從此沒有辦法拒絕賺錢這件事，所以他停不下來，最後犧牲掉健康和陪伴家人的時間。

B象限：平台為你工作

大概占工作人口的5%，他們是企業家，開創平台、系統，然後找人為平台和系統工作，平台和系統再為他們工作的「富人」！

企業家創建之初非常辛苦，創業有成後更是兩肩重擔，因成千上萬個家庭生計，會被他的決策影響，任重而道遠，常常是康寧兩難全！兩難全不是難兩全，難兩全是可以有一種，兩難全是健康和安寧都沒有！如果用人不當或不懂得用人，就會事必躬親賠掉健康；如果色字把持不住、子女教育沒有做好，後宮爭寵、子女爭權就會後園失火，不得安寧。

I象限：用錢滾錢

大概占工作人口的5%，這類型是最聰明的自由投資人，他們不為老闆、不為銀行、幾乎可以不為任何人工作，手上持有的股票、債券、房地產等被動收入超過所有生活開銷，以錢滾錢，時間是自己的，生活型態可以按照自己的意願安排，真正有錢、有閒進入財務自由的境界。

但是，I象限的人如果沒有再往前一步去行善助人的話，人生就會虛渡，就沒有辦法成為「人富」來圓滿自己這一次的蒞臨人世。《窮爸爸富爸爸》系列的財商書籍，清楚列出致富的 7 大關鍵：

①盡可能增加收入（副業、斜槓） 如果非上班不可，論件計酬的工作比固定薪好。

②減少消費（延遲享受） 月光族絕對不可能致富。

③勇於嘗試和冒險（不傷筋骨） 在不會永遠翻不了身的前提下，去嘗試和冒險。

④辭職創業 如果條件夠，可以跟老闆商量，在不影響現在工作的情況下創業。

⑤盡可能節稅 節稅的課程必須去上。

⑥學會管理資產和負債 管理的課程也必須上。

⑦學習彎道超車的投資技巧 投資的課程更是不可或缺。

總結以上 7 點關鍵，就是要不斷地增加資產（包括能力），減少負債。只有能夠為你帶來現金流的東西，才叫做資產，不能為你帶來現金流的東西，都是負債！

永遠記得，投資就是把你的錢不斷地變成資產。所以，想要成為有錢人，只有 2 條路：一是投資，再就是投胎！

7種類型的投資人

①一無所有的投資人：錢都花在負債和消費上的人，就是月光族。

②借錢投資的投資人：這最不可取，因為這已經不是投資，是賭博。

③儲蓄（定存）投資人：定存注定賠錢，因為定存利率趕不上通膨。

④懶惰的投資人：都交給別人操盤（如基金），自己本身不學習者。

⑤長期投資人：願意深入學習的專業投資人，通常是股市中的常勝軍。

⑥成熟投資人：只專注在自己了解、擅長的產業，聚焦後拿重本投入。

⑦資本家：世上最厲害的投資人，就是被投資，這些都是億萬富翁！

接下來的章節會詳細介紹，鬼手流發心交易（互利投資者）是如何運用《鬼道》致富 App 選股操作，來積累富商指數。

4-1

選股操作①

5道濾網篩選 挑出優義股

透過 5 道濾網設定，《鬼道》致富 App 篩選出優義股，但如果表現不佳，也會被打入落漆股，此時不用急著賣，先了解其中原因再說！

鬼叔和CMoney合作開發的《鬼道》致富App，包括3大選股方向：優義股、落漆股和生技喜馬拉雅。

優義股 符合條件別急著買 先察看歷史資料

所謂「優義」者，優質到應該投資的意思，義同宜。優義股是綜合了章節3-4提到的：一正（本益成長比）、二快（相對強弱指標、市值營收比）、三夠穩（營業現金流對盈餘比及ROA、ROE、ROIC、β係數），總共5道濾網（β係數是附加參考資料）來篩選1千多檔台股。

另外App可自行設定一些篩選條件，如成交量（最好在100張以上才能避免流通性風險）、股價（最好設定10元以上）、個股市值等；漲跌幅篩選則分右側順勢和左側

優義股選股條件

①以年複合成長率（CAGR）計算本益成長比（PEG），去蕪存菁後篩選出持續成長、投報率超高的公司⇨PEG小於0.75。

②以市值營收比（PS ratio），過濾掉股價已被高估的公司⇨PS ratio要小於5。

③以營業現金流對盈餘比，判斷是否有表面上看不出陷阱的公司⇨營業現金流對盈餘比大於80%。

④以大盤相對強弱指標（RSI），選出絕對優於大盤的公司⇨RSI大於1。

⑤以β係數衡量相對大盤波動、系統性風險適中的公司⇨β值介於0.8～1.75。

逆勢思考，正常情況下（非大空頭或大多頭環境）：

①如果都不選漲跌幅 通過優義股5道濾網（包含當日下跌）：約40～60檔。

②右側順勢交易（強者恆強） 設定漲幅≧0%，約20～30檔；設定漲幅 ≧3%，約10檔內。

③如左側逆勢交易（蒙塵的鑽石） 設定跌幅≧0%，約20～30檔；設定跌幅≧3%，約5檔內（要做左側逆勢交易，必須從優義股中選）。

篩選完後記得要看歷史資料，至少連續2年PEG濾網都達標者再考慮（每一個年度的PEG，都是以當年度及過去3年總共4個年度計算出來）。資料是連續變項，每天都在變動，入選優義股後，如果有指標未達標，隔日就會落入「落漆股」，不過，落入落漆股並不意味著馬上要拋售。

落漆股 檢視失常原因 決定是否賣出

再勇猛的戰士，戰鬥力也有高低起伏的時候，優義股如果短暫表現失常，有可能只是因為單一RSI指標暫時落後大盤、成交量太低，需要回頭檢視嚴重性！

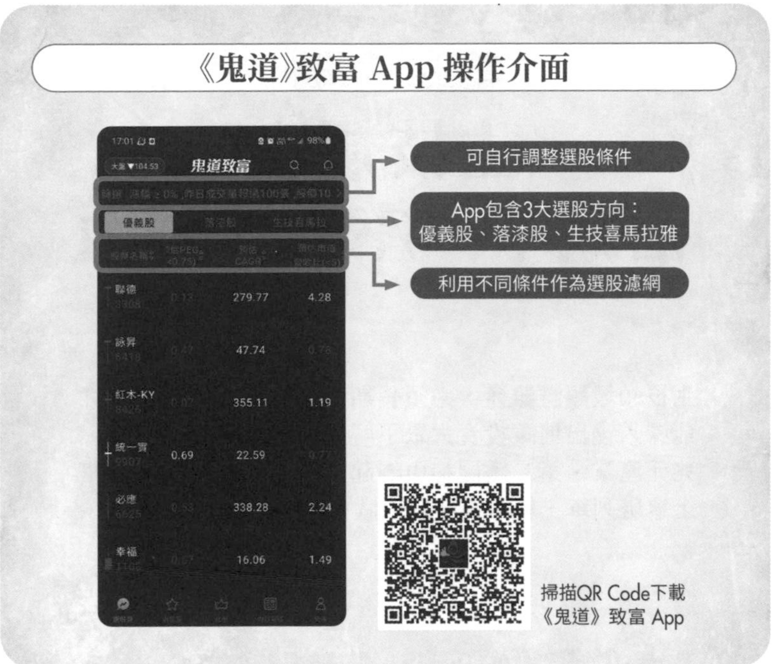

資料來源：《鬼道》致富App

如果是成交量小於100張連續超過2天（有流動性問題）、市值營收比超過5（股價短期飆太快背離）、PEG大於0.75（投報率根本性出問題）或營業現金流對盈餘比小於80%（財務支配出狀況）的問題，則要重新檢視個股，並考慮出脫。

4-2

選股操作②

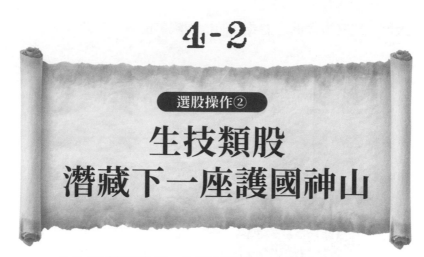

生技類股 潛藏下一座護國神山

生技領域艱澀難懂，必須長期浸淫、思緒清晰者，才能深入淺出地讓投資大眾了解生技類股的優缺利弊。兆元產業、第二護國神山崛起，已是箭在弦上，欲搭上這班列車，就必須要趕快腦補生技常識和知識。

因為職務的關係，鬼叔對生技類股有深入觀察和研究，因此《鬼道》致富App特別設置「生技喜馬拉雅」類別。生技喜馬拉雅包括生技新藥和CDMO（委託開發暨製造服務），目前鬼叔欽點入圍生技喜馬拉雅的有8檔，分別為：北極星藥業（6550）、藥華藥（6446）、保瑞（6472）、智擎（4162）、合一（4743）、台康生技（6589）、美時（1795）、晉弘（6796）。尚在觀察名單則有中裕（4147）、全福（6885）、長聖（6712）。

台灣生技類股歷經多年秣馬厲兵，自2021年起已經開始陸續爆發，恰如喜馬拉雅峰峰相連！再加上2022年國際局勢大空頭環境推波助瀾，電子類股供過於求、庫存泛濫成災而致股價一蹶不振。在這樣的大環境下，剛需生技類股即便不一定會馬上取代變成主流，但是所占比重和被市場資金青睞程度一定會越來越高。

然而生技領域艱澀難懂，必須長期浸淫、思緒清晰、口條無礙者，才能深入淺出地讓投資大眾了解生技類股的優缺利弊。兆元產業、第二護國神山崛起，已是箭在弦上，欲搭上這班列車，就必須要趕快腦補生技常識和知識。

投資生技新藥類股 留意 5 要點

生技新藥在拿到藥證，正式開賣之前沒有營收，不過有些公司例外，像是有CDMO代工收入的公司，如台康生（生物相似藥）、保瑞（學名藥及505(b)(2)老藥改良新用）、北極星（大分子新藥）等；授權成功的公司，如合一、逸達（6576）等；已經有授權銷售分潤的收入，如智擎等；和銷售收入，如藥華藥等。

其他的生技新藥公司如果只有實驗進度，沒有本益比，常常會被投資人列為禁區。因為台灣投資人大多習慣以本益比看產業前瞻性，對生技新藥產業非常陌生，所以

投資生技新藥類股注意事項

① 因為沒有實質EPS，所以不用看財報，只要能看懂負債比、流動比、速動比，簡單說就是只要會看再沒有錢進來，公司什麼時候倒閉。

② 新藥知識艱澀難懂，99%的投資人都一知半解，所以基本面也不用懂太多（有興趣，鬼叔會在《鬼道》致富App的社團文章中分享）。

③ 籌碼面：絕對是最重要的！

④技術面：雖然會騙線，但是凡走過必留下痕跡，線還是一定要參考的。

⑤消息面：除了有內線，其他所有投資人的訊息來源都是靠重訊、報章雜誌、法人報告和公司派故意洩出來的小道消息。

生技新藥類股也才會被投資人戲稱為——本夢比！

鬼叔認為，投資「生技新藥」和「非生技類有營收、有本益比的公司」，其實是一樣的！有沒有很奇怪？明明就不一樣，鬼叔為什麼說一樣呢？以下舉2個例子說明，讓你思考。

第一，航運三雄、聯詠（3034）的EPS夠漂亮吧？現在你還覺得EPS是唯一嗎？EPS只是讓投資人比較有安全感而已吧！那生技新藥的實驗進度為什麼不能給投資人提供安全感？

第二，新藥知識艱澀難懂？難道電子類股的產業基本面，尤其是財報就很容易懂嗎？ROA、ROE、ROIC、營業現金流對盈餘比、市值營收比、淨利、毛利、β值、CAGR、彼得林區評價、存貨週轉率……這些投資人真的都懂嗎？

既然第一點EPS和新藥實驗進度都只能提供安全感，第二點大家懂得又都差不多……第三、四、五點是一樣的，那投資有營收、有EPS的類股或沒有營收和EPS的生技新藥類股，不就都是一樣的嗎？

3面向考量 篩選生技新藥股

如何在30分鐘之內，判斷一家生技新藥公司值不值得投資？鬼叔教你最簡單的3招：①這家公司有沒有錢？②有沒有自己的cGMP蛋白質藥廠？③研發、生產的藥物類型是小分子藥或大分子藥？學名藥、生物相似藥還是505(b)(2)老藥改良新用？

①這家公司有沒有錢？

台灣的生技新藥公司，用國際標準來看，都是很小的公司，再加上台灣發生多次生技公司解盲炒作風波（基亞PI-88、浩鼎OBI-822），生技新藥產業在台灣投資界風評不佳，所以募資並不容易！而每一次現增或私募，都必然會伴隨著折價私募、現增套利等行為，致使股價欲振乏力，讓投資環境陷入惡性循環。一間生技公司，就算有再好的藥、再好的團隊，只要沒錢而常常需要募資，就應該慎重思考要不要投入！

最好的例子，就是2020年台灣隱形首富陳賢哲入主以前的北極星藥業。

北極星藥業是台灣生技新藥公司裡，少數世界級多國多中心臨床試驗做很多、醫學研究論文發表碩果豐富（超過100篇SCI、SCIE論文）、在美國臨床腫瘤學會（ASCO）及美國癌症研究學會（AACR）發表論文如家常便飯、科研人才濟濟的公司。

因為錢不夠，2020年之前，年年跟老股東以現金、私募方式增資，知道內線消息的大股東不願意再拿錢出來，當然就是套利賣老股換新股，常常走在斷炊邊緣，這樣的公司在解決資金問題之前，最好只列入觀察名單。藥華藥在2021年底尚未拿到美國食品暨藥物管理局（FDA）藥證前，因為和歐洲授權公司AOP官司纏訟，不斷地跟老股東以現金、私募方式增資，也是其中一例，目前更嚴重缺錢的還有心悅。

即便北極星藥業當年有新東陽麥家、網通大廠正文、足輝鞋業、田邊製藥、賽富基金、溫氏基金會等大股東的支持，照樣財務艱困的原因何在？

溫氏基金會的財力絕對可以讓一家生技公司打國際盃，但不是願意不惜一切挺到底的大股東，也沒用！新東陽麥家挺北極星藥業挺了17年後，據聞10億元以上的投資最後也是以約4億元的價格認賠殺出，可能做食品業的週轉資金沒有那麼充裕，也可能是因為對不同產業了解不夠深，填不了或不願再填這個無底洞。而網通大廠正文、足輝鞋業、田邊製藥等大股東，重情重義很有心，但是手頭上可以調動的資金如果只在幾十億元以內，可能也挺不住！

所以答案是什麼？一是大股東要有不惜一切代價挺到底的魄力和人格特質；其次，這位大股東的財力，至少要有一擲百億不皺一下眉頭的實力！符合以上特質和實力的公司就呼之欲出了，陳賢哲投入的北極星、鴻海集團相關的台康生、潤泰集團相關的浩鼎（4174）、泰福-KY（6541）等。

②有沒有cGMP蛋白質藥廠？

如果生技新藥公司自己沒有藥廠，就必須要委外生產，除了代工費會是一項很龐大的成本支出外，最重要的是FDA藥證申請會大延宕。

最有名的是逸達生技（6576），其FP-001治療攝護腺癌，全球多國多中心3期臨床試驗結果，2017年1月就已達成主要療效指標（解盲成功），因為沒有自己的藥廠，必須委外才能生產符合美國FDA要求的藥品，因而無法送件申請藥證。

後來是到2019年3月29日才正式向美國FDA提送新藥藥證申請，2019年7月16日與法國藥商Pierre Fabre Medicament Production簽訂FP-001採購暨製造供貨協議，最後在2021年5月25日才經FDA核准藥證！解盲成功後到拿藥證，前後搞了4年4個月，時間也是一種成本呀，有沒有很恐怖？

目前有自己的蛋白質藥廠，且通過FDA查廠的台灣生技大分子新藥公司：如藥華藥台中廠、中裕竹北廠、北極星加州廠等！

③研發、生產的藥物類型

小分子藥就是化學藥，藥物進入人體後，毒性反應難以預期，毒性較高，安全性較差！

一般的止痛藥、抗生素等，可以畫出化學結構式，最簡單的像阿斯匹靈，分子量只有21個原子所組成，可以口服、針劑、貼片……小分子藥申請的藥證叫做NDA（New Drug Application），專利通過後仿製的叫做學名藥（Generic drugs），只要通過生體可用率（BA）、生體相等性（BE）試驗，可以證明同成分、同劑型、同含量、同療效，即可上市。

大分子藥物（包括激素、荷爾蒙、蛋白質和抗體藥），主要以微生物或哺乳類動物細胞，經過基因改造，模仿人體自然調控機制製成的，療效及安全性比起小分子藥相對穩定非常多，分子量都是15,000～20,000起跳，大分子藥通常都是針劑，因為不管是蛋白質或抗體，口服無法完整被吸收，所以大多數都是注射劑。

大分子藥申請的藥證叫做BLA（Biologics License Application），專利過後仿製的叫做生物相似藥

（Biosimilar drugs），當專利期一過，其他藥廠一樣可以仿製，但是難度比小分子藥高很多，還是須要再通過第一期到第三期臨床試驗才可上市，通常生物相似藥公司還是會面臨與原廠藥的儲多官司訴訟，最終都會有一定程度要互相妥協。

505(b)(2)老藥改良新用，是把老藥改變或加上一部分機轉，一樣要通過第一期到第三期臨床試驗才可上市，如美時的抗血癌藥、保瑞集團旗下安成藥的胃食道逆流藥、智擎的安能得等。

所以答案是什麼？投資生技新藥公司，膽量夠大的可以優先選擇做大分子新藥的生技公司，謹慎一點的可以選學名藥、生物相似藥或505(b)(2)老藥改良新用，且同時有CDMO代工收入的生技公司，要記得，風險與報酬永遠都成正比。

「鬼手流」金句 20

沒壓力的資產，只買未來神山；目標財務自由，人生高觀遠瞻。

臨床實驗進度 決定生技公司價值

如何從臨床實驗進度，判斷一家生技新藥公司值不值得長期投資？這是最基本的問題，鬼叔還遇過很多長年投資生技股的老同學竟然不懂。首先，你必須了解臨床實驗流程與花費的時間、研發經費。

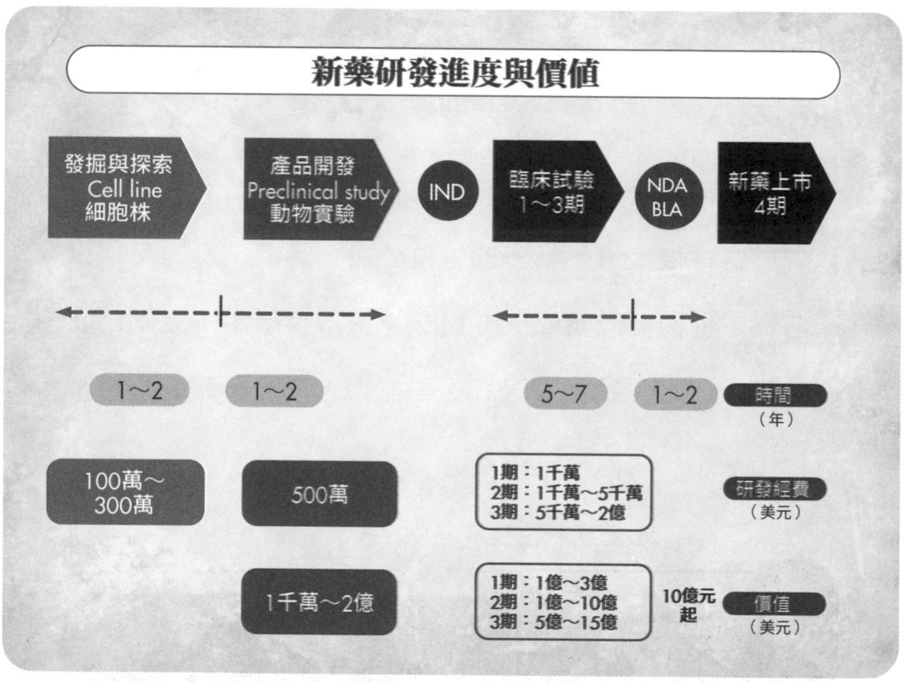

台灣投資人，基本上對一間生技新藥公司的價值，完全沒有估值的能力。其實生技新藥公司的價值，隨著臨床試驗進度一直在增加，在市場上，投資人最關鍵要會看的是臨床試驗1～3期的價值。

資金無法長期投入者操作要點

如果你的資金無法長期進行左側逆勢交易，除了要會看基本價值之外，鬼叔建議：

① **進出要看技術線**：只要年線、半年線、季線、月線在週線之上，先不要介入，靜待均線糾結、低檔盤整、帶量突破，也要小心盤盤相連進地獄。

② **看公司重訊公告**：沒有臨床進度、一直申請專利的公司，多了解一下再介入。如果這間公司只把自己定位在開發設計，最多做到動物實驗或臨床試驗第一期就授權出去，授權金不會太高，相對地股本和市值就要會換算。

③ **沒錢的公司別碰**：每年都現增的公司，不要介入，沒錢的公司別碰沒錢隨時會倒閉！

2017年美國衛生和公眾服務部（HHS）與美國國家衛生研究院（NIH）開始執行新規定，臨床試驗只要在納入第一個患者後的21天內，到ClinicalTrial網站登錄註冊，如果於30天內沒有收到臨床擱置（clinical hold）的函文，就可以繼續收案。也就是說，FDA不會主動告知生技公司同意執行臨床試驗，只要有人體試驗倫理委員會（IRB）單位審核通過，就可以開始收案，IRB機構幾乎稍具規模的教學醫院、醫學中心都有！

但是陳紹琛博士的書《胡服騎射》裡有提到：IND臨床試驗1～3期（phase 1～3）的申請，口說無憑，陳紹琛的習慣是會主動去信問FDA的意見，或照PDUFA對FDA的要求：SPA後45天FDA會給正式的意見，除非有先申請到突破性療法的快速通關（fast track）資格，FDA才會從Phase 1就開始主動輔導你。

以下是統計歷年來不同的臨床試驗進度，藥物問市的成功率：

①不分疾病別，從Phase 1可以一直做到藥物問市的成功率：2010～2012年是6%；2011～2013年是6%；

資金可長期投入者操作要點

①選已經進入第三期臨床試驗3年以上，或第三期臨床試驗已經經過期中分析，試驗被許可繼續進行的公司，才值得進場卡位。

②必須是全球多國多中心、FDA、EMA的第三期臨床試驗，只有台灣、中國的第三期臨床試驗不算，因為有外在效度（External Validity）不足的問題，如果都沒有白人的數據，FDA通常會要求再做一次包含白人的第三期臨床試驗。

③為什麼要選進展到第三期臨床試驗才投入？是因為第三期臨床試驗的藥物，成功的機率至少有50%以上！

2012～2014年是7%；2013～2015年是7%；2014～2016年是7%；2015～2017年是7%。

②不分疾病別，進入Phase 2後，可以一直做到藥物問市的成功率：2010～2012年是11%；2011～2013年是12%；2012～2014年是14%；2013～2015年是14%；

2014～2016年是15%；2015～2017年是15%。

③不分疾病別，進入Phase 3後，可以一直做到藥物問市的成功率：2010～2012年是49%；2011～2013年是54%；2012～2014年是57%；2013～2015年是63%；2014～2016年是61%；2015～2017年是62%。

④孤兒藥（在美國，罹病人數少於20萬人的疾病，即可申請罕見疾病孤兒藥許可，上市後專利保護期10年）不分疾病別，進入Phase 3後，可以一直做到藥物問市的成功率：2010～2012年是50%；2011～2013年是40%；2012～2014年是46%；2013～2015年是52%；2014～2016年是53%；2015～2017年是61%。

⑤癌症用藥不同臨床試驗進度，藥物問市的成功率：2010～2017年從Phase 1可以一直做到藥物問市的成功率是9%，進入Phase 2後成功率是23%，進入Phase 3後成功率是59%。

此外，2018年FDA核准藥證的58%（共34件）為孤兒藥，這34件中有27件是小公司開發的孤兒藥（以上資料摘錄自Nature reviews 8 May 2019 Trends in clinical success rates and therapeutic focus），另外一篇麻省理工學院（MIT）2019年發表在Biostatistics的最新統計，進入Phase 3後，可以一直做到藥物問市的成功率是58.3%，結果都差不多。

值得一提的是，若癌症臨床試驗（cancer clinical trials）有使用生物標誌（biomarkers）事先篩選病人的話（如北極星新藥ADI-PEG 20的ASS1表達率），成功率是沒有使用生物標誌（biomarkers）的2倍。

所以，如果在臨床早期Phase 1、Phase 2階段介入持股，成功率很低，且要有長期抗戰的心理準備，甚至是Phase 3解盲成功後到藥證取得的空窗期、取得藥證到有營收的空窗期、有營收到有高EPS的空窗期，股價都容易被主力玩弄於股掌之間。

一般投資人要如何趨吉避凶？接下來最後一個章節鬼叔就會告訴你趨吉避凶的方法：左右開弓價差適中、大貪不貪的鬼手流投資心法總結！

4-3

鬼手流致富心法
先不貪、後大貪

不是每一檔個股都適合大貪、不貪心法，如果是夕陽產業，鬼叔只會單純賺一個波段。要做到大貪、不貪，難度非常高，必須要完全按照「鬼手流」的理論順序，才能快速積累富商指數，實現助人利己之志，也才不枉此生。

股市即是「詭市」，有時候真的難以捉摸，以下是《道德經》開宗明義的首句，也是鬼叔最喜歡的一句話——道可道，非常道，不同斷句方式，就有不同解釋。

①道可道，非常道。 意思是股市如果可以言傳言教，那就不是股市了。

鬼叔：「股市漲跌可以預測，但是想要靠投資股市致富，是教不會的！必須親身經歷其中的波譎雲詭、細細品味個中的興衰得失，方能大成！」

②道可，道非，常道。 關於股市，有人說好、看漲（道可），就會有人說不好、看跌（道非），這才是股市的常態。

鬼叔：「有人做多，有人做空；有些個股做多，有些個股做空，股市才能維持正常運轉。」

③道，可道非，常道。 一支股票，要能經得起無情的批判（看空），如生技股、KY股、沒有EPS的公司……才能橫空出世、號令天下，名曰——道。

鬼叔：「批判（看空）的前提，當然必須是有腦有邏輯的批判，若無腦看空、為空而空，錯過人生致富的機會，也是一種「常道」呀！

④道，可道非常，道。 對於股市，要能說出超越一般世俗的道理，直指關鍵心理面，才是恆古不移的真理，最終才能賺大發。

鬼叔：「就如同鬼手流的理論：相信、發心（立志）、修心馭心、知己、知彼、大貪不貪、富商指數人富境界，就是空前的投資理論，這就是真正的——道！

「鬼手流」金句 21

成功，都是等來的。

簡易版操作 SOP 資金分批進場

因為《鬼道》致富App中的優義股皆一時之選，都是類股中的前段班，其中不乏高成長股、高EPS、高殖利率股；而生技喜馬拉雅股中，有高成長股、高EPS、高殖利率股（如保瑞），也有未來的明日之星（如藥華藥、北極星等），但是鑑於生技新藥Phase 3解盲成功後到藥證取得的空窗期、取得藥證到有營收的空窗期、有營收到有高EPS的空窗期，股價都容易被主力玩弄於股掌之間，一般投資人必須有一套趨吉避凶的方法，才能立於不敗之地，又不會失去最終豐厚的獲利。

不管是優義股或生技喜馬拉雅股，都同樣適用鬼叔精心設計的鬼道致富簡易版操作SOP。

鬼道致富簡易版操作SOP

① 入選優義股條件：PEG＜0.75、CAGR＞10%（越高越好）、市營比最好＜1，不能＞5、營業現金流對盈餘比＞0.8、月季年RSI都＞1。

② 歷史資料，至少前一年的PEG、CAGR、市營比、營業現金流對盈餘比也都過關。

③ 尚未成為高成長股、高EPS、高殖利率股的「生技喜馬拉雅」，則以章節4-2為選股標準。

只要通過上述濾網，都可以左側逆勢交易進行價值長期投資。

唯須記得，左側逆勢交易價值長期投資，只能占投入總金額的40%，以最近一季的股價最高點，分4次依高點的0.618、0.5、0.382、0.236倍價位進場各10%，假如沒有跌到那麼深，只能買到10%也沒有關係，左側交易資金不盡然要全部投入。

左側逆勢交易者不停損，只有往上停利是倒金字塔賣出（漲越多賣越多），賣出時點可參考章節2-2，也可以參考後面提的「3個方向看壓力」，上方完全無壓力的個股，則以整數大關為獲利出場依據，如100元、120元、150元、180元、200元等分批賣上去，漲越多賣越多。

技術分析操作SOP（細節可參考章節3-5）

① 最近3日內實心紅K超過一半往上穿越MA 5，最好這根的量是前5日平均的2倍。

② MA 5（週線）、MA 20（月線）向上黃金交叉，K線要落在布林上軌道位置。

③ MACD在零軸上，且最好剛穿過零軸向上。

④ KD快線和慢線向上黃金交叉，而且最好還在50以下。

只要透過上述濾網，都可以做夾縫盤勢價差交易，價差交易只能占投入總金額的10%。

使用技術分析操作，還可以記得以下要點：

3個方向看壓力 做價差交易遇壓力獲利出場參考線：①至少前2次的高點連接畫一直線（壓力線）；②前次高點；③上面MA60季線、MA120半年線、MA240年線。

3個方向看支撐 做價差交易跌破支撐停損或停利出場參考線：①實心綠K超過一半往下穿越MA 5；②至少前2次的低點連接畫一直線（支撐線）；③前次的低點。

先不貪降低成本 再大貪賺高報酬

很多個股也許你都一直只能投入，左側交易的10%和價差交易的10%總共20%資金，或者是左側交易的20%和價差交易的10%總共30%資金，有部分被套住的左側交易資金，靠價差交易的10%降低成本，一段時間後，你對所投個股的各個面向包括「股性」（主力慣性）會越來越清楚。

一旦過了基本面和技術面7道濾網，又經過盤整收縮、帶量突破糾結的均線後，所有均線：MA 5、MA 10、MA 20、MA 60、MA 120、MA 240都排列往上的大多頭股，還可以做右側順勢交易，右側順勢交易可以占投入總金額的50%！

記得右側交易50%分4次：25%、10%、10%、5%依回跌遇支撐（MA 5週線）不破，往上金字塔加碼（漲越高買越少）。右側交易不停利，所以比左側交易更能夠賺到強漲波，跌破支撐MA 10，則右側交易全數停損或獲利，也可以參考前面提的「3個方向看支撐」停損、獲利出場。

「鬼手流」金句 22

停損、停利出場到認錯追回的價差，是半吊子右側順勢交易（趨勢投資者）、夾縫盤勢交易（價差投機者）必須要付出的成本。

以上是非常完美的左右開弓、價差適中操作法則，按照這樣的方法投入資金操作，幾乎每一檔都可以滿載而歸。

當獲利準備出場時，鬼叔通常會先「不貪」——賣出左側交易的資金持股，目的是先回收成本，外加一定的利潤（零成本或負成本），其餘留下的則是「大貪」部位，等待更高的報酬，或固定領息創造被動收入，要把已經零成本或負成本的「大貪」持股，看成是所謂的「資產」；「不貪」賣出左側交易的資金，即是所謂的「現金流」，再轉戰下一檔個股。

在這裡鬼叔不建議把「不貪」的資金再投入原來的個股，因為這樣會導致你持股的心沒有辦法再超然，太計較得失就不會把它當作是「資產」。

「不貪」的資金只有再轉戰下一檔標的，心情才能保持平靜，如此一來，一套資金投資轉完一圈回來（耗時以年為單位），手上持股創造的被動收入（資產）會相當驚人，這就是把財商中，不斷增加「資產」的理論，實踐在股票市場。

當然，不是每一檔個股都適合大貪、不貪心法，要看產業和公司的前景，如果已是夕陽產業，鬼叔只會單純賺一個波段，就不會再大貪留股。要做到大貪、不貪，難度非常高，必須要完全按照「鬼手流」的理論順序：相信、發心（立志）、修心馭心、知己知彼、大貪不貪，而後才能快速積累富商指數，實現助人利己之志，進入「人富」的境界，才不枉此生！

結語

人。富。

財務自由也要心靈富足

鬼手流發心交易（互利投資者），從相信、發心（立志）、修心馭心、知己知彼、大貪不貪、快速積累富商指數，實現助人利己之志，都是為了進入「人富」的境界，就像鬼叔在第 4 章強調過，財商 4 象限不管在哪一個象限，只要欲望不高、有一顆樂於助人的心，幸福指數都可以很高，也都可以達到「人富」的境界。

但是不免俗地，鬼叔還是想要告訴你：「但凡想要做點事，手上都必須先有錢！」這裡講的有錢，當然不是無止境的貪婪，是有節度的，不能把自己的健康犧牲了，當以中庸為主。

人窮、人富 應取中庸之道

善樂生者不窶（ㄐㄩˋ），善逸身者不殖。意思是，懂得過生活的人，不會把自己搞得很窮、很狼狽；懂得養身的人，絕不會去經商發大財，把自己的身體累壞。

原文出處是《列子‧楊朱篇》，楊朱曰：「原憲窶於魯，子貢殖於衛。原憲之窶損生，子貢之殖累身。」「然則窶亦不可，殖亦不可；其可焉在？」曰：「可在樂生，可在逸身。故善樂生者不窶，善逸身者不殖。」

意思是，楊朱說：「原憲由於貧窮，而失去了他的生命。子貢由於富有，連累了他的身體。所以貧窮和富足都不好，要怎樣才好呢？應該快快樂樂的活著，安安逸逸的過日子，不因貧窮而損害生命，不因富有而連累身體。能樂天知足，才不感覺貧窮；能安逸不爭，才不會為錢財所累。」

最有名的原憲和子貢的故事。孔子去世後，原憲在衛國隱居，子貢在衛國為相。有一次子貢想到這個同學，就去探望他，宰相出巡當然是非常寵大的陣仗——結駟連騎，隨從衛隊把鄉下的街道全部堵住，只好下車走路進去。

子貢看到原憲說：「師兄呀！你怎麼把自己搞得這麼窮、這麼狼狽呀？」原憲說：「吾聞之，無財者謂之貧，學道而不能行者謂之病。若憲，貧也，非病也。」意思是：「我聽說，沒有錢的人叫做窮，學了濟世之道卻不能救民於水深火熱中的叫做病。像我，是窮了點，但是我沒病！」

原憲和子貢都是孔子很有名的弟子，孔子在做魯國司寇（宰相）時，原憲是他的總務長，孔子下台後原憲也就回到民間社會，不再出仕。原憲這個人，其實是共產社會主義的始祖，他之所以窮，並不是因為他不能在物質上富有，而是因為他不願意富有，他是為了救濟社會把自己搞得很窮、損害了自己的人生，不是用嘴巴講不忘世上苦人多而已，是真的身體力行的人！

子貢剛好相反，他認為要救社會、要做善事手上得先有錢，所以發展工商業，做貨殖（滋生資貨財利），做到春秋時代的商業鉅子（首富），結果把身體累垮了，在鬼叔看來，子貢和原憲都沒有搞懂中庸之道、四個兒子（適可而止）的道理！

盡力而為 發揮善的循環

處在當前的社會，要做一個什麼樣的人？對社會要做到什麼樣的貢獻？要做一個多有用的人？「處於材與不材之間，物物而不物於物。」意思是，做人處世應，該材時材，不該材時不材，控制外物卻不受外物所累。

有一天，莊子經過山中，看見一棵大樹枝葉茂盛，可是伐木的人，只靠在樹旁休息而不砍這棵樹，莊子就問他為什麼不砍？伐木人回答：「這樹沒有用處。」莊子說：「喔！這樹因為沒有用處而得以終其天年。」

莊子從山中出來，住在一個老朋友家，朋友非常高興，叫童僕殺鵝來招待莊子。童僕請示主人：「一隻鵝會叫，一隻不會叫，請問要殺那一隻咧？」主人說：「殺不會叫的那一隻。」

第二天，弟子問莊子：「昨天山裡的大樹，因為沒有用才得以享天年；現在主人的鵝，因為沒有用處卻被殺死，先生將如何自處呢？」莊子笑著說：「我將處於有用和沒有用之間，可是處於有用和沒有用之間，好像是對了，其實還是錯的，因為還是不能免於物累，如果能夠順應道德而逍遙於物外就不會了。

沒有榮譽感，也沒有羞恥心，或龍或蛇，屈伸自如，順著時勢一起變化，不偏執；能飛能潛能屈能伸，以中和為節度，然後遨遊於萬物之外；控制外物卻不受外物所累，那又怎麼會受外物牽累呢？這就是神農、黃帝處世的法則！

至於萬物之情，人倫之理就不是這樣了。有合就有離，有成就有敗，清廉的就會被毀謗，尊貴的就遭受批評，有作為的就會遭非議，賢能的就會被算計，不成材就會遭受欺凌，如此看來，何必偏執一方呢？悲哀啊！弟子們記著處世要免於物累，只有在道德的境界才能逍遙。」

所以，材與不材之間，不是說要做中材，不要搞錯了，是該材時要材，該不材時要不材，如此還不夠，要不受外物所累，才能逍遙於宇宙之間。

當我們投資致富之後，要看當時的社會氛圍，適合做多少事就做多少事，更不能被錢控制了，唯有做到物物而不物於物、懂得善用錢的力量去行善，而不是被錢所控制，才能達到「人富」的境界，做到財務自由、心靈富足地逍遙於宇宙之間，也才可以如稻盛和夫說的，當我們離開時，靈魂的層次比來時還要更高尚一些。

鬼道致富

作者：鬼手易生

總編輯：張國蓮
責任編輯：李文瑜
美術設計：楊雅竹

董事長：李岳能
發行：金尉股份有限公司
地址：新北市板橋區文化路一段 268 號 20 樓之 2
傳真：02-2258-5366
讀者信箱：moneyservice@cmoney.com.tw
網址：money.cmoney.tw
客服 Line@：@m22585366

製版印刷：緯峰印刷股份有限公司
總經銷：聯合發行股份有限公司

初版 1 刷：2023 年 5 月

定價：400 元

Printed in Taiwan

國家圖書館出版品預行編目（CIP）資料

鬼道致富 / 鬼手易生作 . – 初版 . – 新北市：
金尉股份有限公司 , 2023.05
面； 公分
ISBN 978-626-96799-9-7（平裝）
1.CST: 股票投資 2.CST: 投資技術 3.CST: 投資分析

563.53 112006560